Imke Niewöhner

Auf ins Leben!

KYNOS VERLAG

Am Remelsbach 30 • D-54570 Mürlenbach/Eifel
Telefon: 06594/653 • Telefax: 06594/452
Internet: http://www.kynos-verlag.de

Fotos: Seite 18 Sabine Winkler, Seite 76 Julia Reisen, Seite 80 Ralf Krüger, Seite 85 Alexander Putz, Seite 91 unten Julia Reisen, alle restlichen Imke Niewöhner

Gesamtherstellung: Printfinder SIA, Riga, Lettland

ISBN 3-938071-02-8

Inhaltsverzeichnis

Einleitung

Dieses Buch möchte Ihnen helfen, Ihren Welpen optimal auf ein langes und glückliches Hundeleben vorzubereiten.

In den letzten Jahren stieg in unserer Gesellschaft durch mehrere schreckliche Beißvorfälle der Unmut gegen Hunde im Allgemeinen und gegen bestimmte Rassen im Besonderen. Ursache all dieser Probleme ist aber immer der Mensch, der Fehler in Umgang und Erziehung des Hundes gemacht hat – und das oft schon beim Welpen mangels besseren Wissens ganz unbewusst.

Viele Hundehalter glauben noch immer, dass ein Hund erst mit sechs Monaten oder gar einem Jahr erzogen werden sollte. »Wozu braucht mein Welpe eine Welpenschule?« fragen sie sich.

In jüngster Vergangenheit hat die Verhaltensforschung große Fortschritte gemacht. Alte Weisheiten sind widerlegt. Es gibt neue Erkenntnisse über Hunde – wie sie lernen, sich verhalten und sich ausdrücken. Man weiß heute, dass die ersten Wochen im Leben eines Hundes ungeheuer wichtig sind und dass der Halter sie unbedingt für eine aktive Sozialisierung nutzen muss, um später viel Freude an seinem Hund zu haben.

Im Idealfall nutzen Sie dieses Buch als eine Begleithilfe zur Welpenschule. Denn lesen und informieren ist das Eine, anschauen und nachmachen das Andere!

Gleich zu Beginn finden Sie deshalb eine Checkliste, der Sie entnehmen können, worauf Sie bei der Suche nach einer guten Welpenschule achten müssen.

Mit Hilfe dieses Buches lernen Sie, die ersten acht Wochen für Ihren Welpen sinnvoll zu gestalten. Dabei werden wichtige Fragen beantwortet und ein »Stundenplan« für jede Woche aufgestellt. Das Buch bezieht sich dabei auf Welpen, die in einem Alter von acht bis zehn Wochen in ihre neue Familie einziehen. Wenn Ihr Welpe schon älter ist, empfehlen wir Ihnen, die Theorietage im Stundenplan hinten anzustellen und die Ausflugstage vorzuziehen, so dass diese bis zur etwa sechzehnten Woche alle absolviert sind.

Beim Lesen werden Sie immer wieder auf unseren »Alte-Hüte-Wegweiser« stoßen: Textkästchen mit dem Bild eines alten Hutes, die auf weitverbreitete »alte Weisheiten« hinweisen, die sich hartnäckig halten, aber leider falsch sind. Einige davon haben Sie sicher auch schon gehört. Vergessen Sie sie bitte schnell! Anschließend finden Sie einen Hinweis auf das dazugehörige Theoriethema, in dem Sie den aktuellen Wissensstand nachlesen können.

Glauben Sie nicht alles, was Ihnen jemand sagt, der schon seit dreißig Jahren Hunde hält. Früher waren auch die Ausbildungsmethoden an den Schulen andere und heute lehnen es Psychologen strikt ab, ein Kind mit einem Stock auf die Finger zu schlagen, weil es den Unterricht stört. Nicht alles Althergebrachte ist richtig und auch das Argument »bei meinem Hund hat es geholfen« ist keine Rechtfertigung.

TEIL 1

WICHTIGE GRUNDLAGEN

In welchem Alter soll ich den Welpen abholen und worauf soll ich achten?

Da die Sozialisierungsphase (siehe Seite 15) nicht sehr lange dauert, empfiehlt es sich, den Welpen mit acht Wochen aus seinem »Elternhaus« abzuholen. Optimal ist es, wenn Sie den Welpen schon vorher beim Züchter besuchen können.

Ich rate davon ab, einen Welpen später als mit zehn Wochen zu sich zu nehmen. Und selbst das würde ich nur empfehlen, wenn der Züchter eine aktive und gute Sozialisierung der Welpen durchgeführt hat. Nur in diesem Alter haben Sie die Chance, den Welpen gründlich auf das vorzubereiten, was Sie später von ihm erwarten.

Wichtige Punkte bei der Wahl des Züchters (egal ob Mischling oder Rassehund):

- ✔ Es sollte sauber sein, die Welpen sollten mit Familienanschluss groß werden (nicht im Keller oder Schuppen).
- ✔ Die Mutterhündin sollte gesund und gepflegt aussehen und freundlich sein.
- ✔ Sie sollten den Platz, an dem Welpen und Mutter leben, besichtigen können.
- ✔ Die Welpen sollten freundlich, neugierig und nicht ängstlich sein.
- ✔ Die Welpen sollten mit der Mutterhündin schon Ausflüge nach draußen unternommen haben.
- ✔ Eine sehr ruhige Lage bedeutet nicht immer die beste Voraussetzung für ein Leben als Familien- oder Stadthund, der Welpe sollte möglichst viele Reize kennen gelernt haben.

Grundausstattung für den Welpen

Hier eine Liste der ersten »Grundausstattung« für Ihren Welpen:

- ✔ Eine Leine, am besten zwei bis drei Meter lang
- ✔ Ein Halsband, besser noch ein Brustgeschirr
- ✔ Einen Futter- und einen Wassernapf, bei großwüchsigen Rassen einen höhenverstellbaren Napfständer
- ✔ Eine Liegedecke, weich und kuschelig, eventuell in einem Körbchen
- ✔ Eine Hundebox, die groß genug ist, dass der Hund auch ausgewachsen hineinpasst
- ✔ Hundefutter
- ✔ Spielzeuge
- ✔ Kauknochen, besser einen befüllbaren Kong ®
- ✔ Bürste und Kamm (je nach Felllänge, lassen Sie sich beraten)

Wie lange muss ich mit meinem Welpen spazieren gehen?

Ruhephasen und Aktivität sollen sich abwechseln

Besser sollte die Frage lauten: Wie lange darf ich? Welpen neigen dazu, sich selbst zu überschätzen. Sie spielen, bis sie fast tot umfallen. Das bedeutet: Sie müssen es übernehmen, dem Hund zu sagen, wann es Zeit zum Schlafen ist. Bis zum fünften Lebensmonat kann man sich gut nach folgender Faustregel richten: Das Lebensalter in Wochen in Minuten spazieren gehen, der längste Spaziergang darf höchstens doppelt so lang sein.

Das bedeutet: Ein acht Wochen alter Welpe geht im Normalfall nicht mehr als 8-10 Minuten spazieren, der längste Spaziergang darf auf keinen Fall 20 Minuten überschreiten. Ein 16 Wochen alter Welpe geht 16 Minuten spazieren und im Maximalfall eine halbe Stunde. Es ist besser, mehrmals am Tag kurze Gänge zu machen als einen großen. Der Welpe sollte von Anfang an an ungefährlichen Orten fernab von Straßen frei (ohne Leine) laufen. Geben Sie ihm dazu möglichst einmal am Tag Gelegenheit (siehe »Komm«).

Ruhephasen sind sehr wichtig für einen Hund, egal welchen Alters. Gewöhnen Sie den Welpen daran, dass es Phasen gibt, in denen geschlafen wird.

Werden Sie nicht immer aktiv, wenn er es möchte, sonst haben Sie schnell ein überaktives Hundekind.

Impfungen und Wurmkur

Normalerweise bekommt Ihr Welpe die erste Impfung beim Züchter mit acht Wochen. Auch wenn es kein Rassehund ist, sollten Sie darauf achten. Ein Welpe sollte vier Wochen nach der ersten Impfung erneut geimpft werden. Sie können schon nach der ersten Impfung eine Welpenspielgruppe besuchen, Ihr Welpe hat bereits einen Impfschutz. Dieser ist zwar noch nicht komplett, das Risiko einer ansteckenden Krankheit ist jedoch sehr gering im Gegensatz zu dem Verlust der wichtigen Erfahrungen in diesem Alter, wenn Sie der Gruppe fernbleiben. Denken Sie daran: Die Sozialisierungsphase dauert nur bis zur 12. Woche! Wenn Sie bis zur Wiederholungsimpfung in der 12. Woche warten, haben Sie die wichtigste Zeit bereits verloren.

Wurmkuren sollten in regelmäßigen Abständen durchgeführt werden, wenn kleine Kinder im Haushalt leben, etwa alle drei Monate. Sie können über drei Tage Kotproben sammeln und diese auf Wurmeier untersuchen lassen, um dem Hund unnötige Wurmkuren zu ersparen.

Was soll ich füttern und wie oft?

Ein Welpe sollte anfangs das Futter bekommen, das er auch beim Züchter bekommen hat. Sie können ihn dann langsam umstellen auf ein von Ihnen bevorzugtes Futter. Mischen Sie dazu jeden Tag ein bisschen mehr neues unter das alte Futter.

Ich empfehle Trockenfutter, das man zu Anfang noch einweichen kann. Es hat den Vorteil, dass man es auch unterwegs füttern kann, denn wir werden viel Futter benötigen, um den Welpen aktiv zu sozialisieren. Deshalb empfehle ich sogar, den Welpen die ersten Wochen nur aus der Hand zu füttern. So bekommt er sein Futter gleichmäßig über den Tag verteilt und hat die Chance, viel zu lernen ohne dick zu werden oder Schaden durch zu viele Leckerlis zu nehmen. Dazu empfiehlt sich eine Gürteltasche, in die Sie morgens das Futter füllen und den ganzen Tag aus der Hand füttern, indem Sie ihn für die gelernten Aufgaben belohnen.

Zwischendurch kann der Hund kleine Mengen aus dem Napf bekommen. Wer nur aus dem Napf füttern möchte, sollte zu Beginn viermal täglich eine kleine Portion füttern und später dreimal täglich. Ab einem Alter von fünf Monaten kann die Fütterung auf zweimal täglich umgestellt werden, ich rate dazu, dies ein Hundeleben lang beizubehalten.

Wer möchte, kann auch Futter selbst zubereiten, dazu verweise ich auf weiterführende Literatur. Ich persönlich bevorzuge die Frischfütterung meiner Hunde.

Wo soll mein Welpe schlafen?

Diese Frage lässt sich nicht pauschal beantworten. Es liegt an Ihnen, wo Sie Ihren Hund schlafen lassen möchten. Ich empfehle Ihnen aber dringend, ihn mit in die Wohnräume zu lassen. Unschön für das soziale Wesen Hund ist es, in der Waschküche, Garage oder im Zwinger schlafen zu müssen. Ein guter Platz ist im Schlafzimmer – wer das nicht möchte, sollte dem Hund einen Platz im Flur vor dem Schlafzimmer zuweisen. Wenn der Welpe es von Anfang an lernt, ist es für ihn auch kein Problem, im Wohnzimmer im Untergeschoss zu schlafen.

Eines noch zu Liegeplätzen im Allgemeinen: Es hat nichts damit zu tun, wo der Hund schläft, ob er später gehorcht oder nicht. Er kann gerne auf Sofas und Betten liegen, ohne davon »aufmüpfig« zu werden. Ob Sie das akzeptieren oder nicht, liegt allein an Ihren Hygienevorstellungen. Lesen Sie dazu auch das Theoriethema »Alter Hut Dominanz« auf Seite 60.

Ein sehr geeigneter Schlafplatz für den Welpen ist die Hundebox.

Die Box – ein Gefängnis für meinen Welpen?

Hundeboxen gibt es in verschiedenen Ausführungen: Aus Plastik, aus Metall, klappbar oder fest. Eigentlich ist es egal, welche Sie wählen, denn wenn der Welpe sie von Anfang an kennt, wird er sie lieben. Ich bevorzuge klappbare Boxen, da diese sich besser mit auf Reisen nehmen lassen. Viele Hundehalter haben eine Abneigung gegen diese Boxen, weil sie ihren Hund nicht einsperren möchten. Wenn ein Hund die Box jedoch langsam kennen lernt, wird sie für ihn ein wunderschöner Ort der Ruhe sein, eine Art Schutzhöhle.

Der Welpe soll diesen Ort lieben und dort ruhig schlafen. Vor allem, wenn Sie kleine Kinder haben, ist die Box als Rückzugsort für den Hund sehr geeignet. Sie hat einen entscheidenden Vorteil gegenüber einem Körbchen: Sie ist geschlossen, das heißt, die Kinder können den Hund nicht von oben bedrängen. Einem Kind lässt es sich leichter klar machen, dass der Hund nun seine Ruhe haben möchte.

Auf keinen Fall soll der Hund aber stundenlang in der Box weggesperrt werden! Vielmehr sollte man sie wie einen Laufstall für Kinder betrachten. Die meisten Hunde finden eine solche »Höhle« so toll, dass sie freiwillig in die Box gehen, um darin zu schlafen.

Füttern Sie Ihren Welpen in der Box, legen Sie tolle Spielzeuge hinein und geben ihm Kauknochen (oder seinen Kong ®) darin. Legen Sie eine weiche Decke hinein.

Eine wichtige Grundregel: Schließen Sie die Tür der Box anfangs nur, wenn Ihr Welpe müde ist und achten Sie darauf, die Zeitspanne kurz zu gestalten. Lassen Sie ihn nicht heraus, wenn er jammert, sondern warten Sie, bis er ruhig ist. Sonst lernt er, dass er aus der Box herausgelassen wird, wenn er jammert.

Bei einer guten Boxengewöhnung wird es nicht dazu kommen, dass er jammert. Lassen Sie ihm einige Tage Zeit, falls er Angst vor der Box zeigt. Die Box ist die beste und einfachste Möglichkeit, den Welpen ans Alleinsein zu gewöhnen und stubenrein zu bekommen. Später kann man sie mit auf Reisen nehmen, der Hund hat damit immer »ein Stück zu Hause« dabei. Das hilft ihm, sich an fremden Orten zu entspannen.

Meine Kunden, die ihrem Welpen eine Box gekauft haben, wollen diese nicht mehr missen. Der Hund auch nicht!

Welpensozialisation: Was bedeutet das überhaupt?

Oftmals wird die wichtige Zeit der Welpensozialisation auch als Prägung bezeichnet. Prägung im eigentlichen Sinne beinhaltet jedoch eigentlich nur das Lernen, wer zu der eigenen Art gehört, also »wer bin ich« und »was waren meine Eltern«. Sozialisation ist die bessere Bezeichnung für das, was wir eigentlich wollen.

Es handelt sich dabei um eine Phase im Welpenalter, in der der kleine Hund sehr schnell und effektiv lernen kann. Er nimmt seine Umwelt besonders intensiv wahr und gemachte Erfahrungen bleiben fest verankert. Diese Phase beginnt ab dem Alter von drei Wochen.

Nun sollte der Welpe all die Dinge kennen lernen, die ihm in seinem späteren Leben begegnen könnten.

Die Sozialisierungsphase dauert etwa bis zur zwölften Woche, allerdings ist eine Sozialisation auf unbelebte Dinge (Straßensituationen, flatternde Planen etc.) und mit anderen Tierarten auch noch bis etwa zur 16. / 18. Woche möglich.

Natürlich ist es nicht so, als würde man einen Lichtschalter ein- oder ausschalten. Die Phase ist nicht an einem Tag noch vorhanden und am nächsten Tag vorbei.

Wichtig für Sie zu wissen ist jedoch, dass Sie so früh wie möglich anfangen sollten, Ihren Welpen aktiv zu sozialisieren.

Was bedeutet das nun?

Für den Welpen ist es ein großer Unterschied im Lernen, ob die Erfahrungen mit einer Situation positiv oder neutral sind. Beispiele:

Situation	Neutrales Lernen (Gewöhnung)	Positives Lernen
Männer, Frauen	Trifft sie manchmal, sieht sie von weitem	Verschiedene Männer und Frauen füttern ihn aus der Hand
Teenager	Sieht sie auf der Straße	Füttern ihn aus der Hand
Kinder aller Altersstufen	Laufen kreischend vorbei	Toben herum, füttern ihn aus der Hand, oder er wird von Frauchen gefüttert
Hüte, Mäntel	Menschen laufen damit vorbei	Er wird von diesen Menschen gefüttert
Menschenmengen	Er wird mit auf Veranstaltungen genommen	Viele Menschen füttern ihn im Gedränge
Fahrräder Skateboards	Fahren vorbei	Bei ihrem Anblick füttert Frauchen ihn
Verkehrslärm, Strassenbahn, Busse	Er sieht und hört sie auf dem Spaziergang	Wird gefüttert, nur kurze Strecken zu einem schönen Ort gehen
Andere Tierarten	Sieht sie hinter dem Zaun, in der Nähe	Wird von Frauchen gefüttert
Andere Hunde	Sieht sie und begrüßt sie	Kann unangeleint mit ihnen spielen

Diese Liste lässt sich weit fortsetzen.

Nun fragen Sie sich sicher: Aber ist es nicht egal, ob mein Hund nun neutrale oder positive Erfahrungen macht?

Nein – denn eine positive Erfahrung sitzt fester. Der Welpe wird vor den Dingen, die er positiv im Gedächtnis hat, keine Angst zeigen. Sie werden ihn nicht beunruhigen. Er wird souveräner und gelassener.

Welpensozialisation bedeutet also: Eine Phase, in der der Welpe extrem gut und schnell lernt, welche Dinge als »normal und ungefährlich« in sein Leben gehören.

Angst versus Neugier

Welpen zeigen vor neuen Dingen erst einmal eine gewisse Vorsicht. Je nach Veranlagung und bisherigen Erfahrungen wird diese Vorsicht auch etwas stärker ausgeprägt sein, der Welpe fürchtet sich dann.

Nehmen wir das Beispiel »Sperrmüll im Dunkeln an der Straßenecke«. Der Welpe hat Angst, will dort nicht vorbei, bellt den Sperrmüll vielleicht an. Unsere Aufgabe ist es nun, ihm zu zeigen, dass Sperrmüll nichts Schlimmes ist. Wichtig dabei:

1. Nicht gut zureden »ist ja gut« – der Hund hört sonst nur ihre Stimmlage und denkt: Es ist richtig, Angst zu haben!
2. Den Welpen auf keinen Fall zum Sperrmüll hinziehen oder schieben.

Der Welpe soll langsam die Chance haben, an die Sache heranzugehen. Das kann je nach Welpe ein paar Übungseinheiten dauern. Die Übungseinheit soll so aussehen:

1. Gehen Sie in eine Distanz, wo der Welpe keine extreme Angst zeigt (z.B. Bellen oder Zittern).
2. Hocken Sie sich hin und füttern Sie ihn aus der Hand.
3. Legen Sie langsam eine Spur aus dem Futter zum Sperrmüll.
4. Kommen Sie bis zum Sperrmüll, lassen Sie den Welpen eine besondere Leckerei davor fressen.

Wichtig noch einmal! Geben Sie dem Welpen so viel Zeit, wie er braucht. Wenn es nicht beim ersten Mal klappt, gehen Sie nur so weit, wie er es schafft.

Die meisten Welpen zeigen bei neuen Reizen nach der ersten Vorsicht eine gewisse Neugier. Das sieht dann etwa so aus: »Hilfe, ein Regenschirm!« (Welpe weicht zurück). »Hm, den muss ich mir mal näher ansehen …« (Welpe kommt wieder näher an den Regenschirm heran und guckt). Dieses Neugierverhalten wollen wir fördern und mit Leckerchen belohnen.

Mit vielen verschiedenen Übungen soll der Welpe immer wieder lernen, dass er seine Angst überwinden kann. Angst überwinden und dabei eine positive Erfahrung zusammen mit seinem Menschen machen – das fördert die Bindung und schafft Selbstbewusstsein. Warum dies so wichtig ist, werden wir später besprechen.

Ein Welpe der früh lernt, dass Angstsituationen gut für ihn enden, wird später eher zum »Optimisten«. Er kann gut mit neuen Situationen umgehen. Denn es ist nicht so, dass wir ihm alle Situationen in den ersten Wochen zeigen müssen (und auch nicht können, denn es kann immer mal etwas kommen, das wir nicht geübt haben).

Ein Welpe jedoch, der viele Eindrücke erlebt und Ängste überwunden hat, wird gut mit neuen Situationen umgehen können. Es geht also in der Sozialisierungsphase auch darum, dem Hund seine Lebenseinstellung »einzuimpfen«. Ein gut sozialisierter Hund wird in den meisten Situationen freundlich und gelassen reagieren. Er ist ein guter Begleiter – deshalb lohnt es sich so sehr, diese Phase zu nutzen!

Welpenschule: Warum und wie?

Angst vor neuen Dingen kann immer wieder auftreten

Ich rate Ihnen dazu, eine Welpenschule zu besuchen. Hier lernt der Welpe den artgerechten Umgang mit anderen Hunden. Er kann seine Beißhemmung verbessern und Sozialverhalten lernen. Diese Dinge sind nämlich nicht, wie so oft geglaubt, angeboren. Allerdings ist nicht Welpenspiel gleich Welpenspiel! Hier einige Punkte, auf die Sie achten sollten. Scheuen Sie keine langen Wege, auch eine Anfahrt von vierzig Kilometern ist es auf jeden Fall wert, wenn Sie dafür eine Welpenschule finden, bei der folgende Bedingungen erfüllt sind:

- ✔ Der Trainer, oder besser zwei Trainer, sollte ein großes Fachwissen haben und freundlich Fragen beantworten.
- ✔ Es sollte ein eingezäuntes, nicht zu großes Areal zur Verfügung stehen, auf dem die Welpen spielen können.
- ✔ Die Gruppen sollten nicht größer als 10 Welpen sein, bei einem Trainer nur maximal 6.
- ✔ Die Gruppen sollten nach Alter (zumindest passend) getrennt sein, das heißt, dass nicht beispielsweise sechs Monate alte Labradore mit acht Wochen alten Jack Russells spielen.
- ✔ Es sollte also zwei Gruppen geben, eine bis ca. 15 Wochen und eine bis ca. 21 Wochen (wobei die Entwicklung der einzelnen Welpen dort eine Rolle spielt). Danach ist der Hund kein Welpe mehr. Im Anschluss sollte ein Junghundekurs angeboten werden.
- ✔ Es sollte nicht nur gespielt werden, sondern es sollte auch kleine Übungseinheiten geben, in denen ohne Zwang und körperliche Einwirkung Sitz, Platz usw. geübt werden, außerdem sollte es Geräteübungen geben.
- ✔ Es sollten auch Theoriethemen besprochen werden, am besten auf Zetteln sogar zum Mitnehmen verteilt werden.

- ✔ Achten Sie vor allem auch darauf, wie im Training mit erwachsenen Hunden gearbeitet wird: Die Hunde sollten freudig sein und es sollte nicht an der Leine gezupft/geruckt und angeschrieen werden.
- ✔ Optimal wäre es, wenn auch Umweltabenteuer angeboten werden und Ausflüge zu verschiedenen Orten.

Wie lange dauert es, bis mein Hund gehorcht?

Eine wichtige Grundregel bei der Hundeausbildung heißt: Geduld bewahren! Wie lange braucht ein Kind, bis es Potenzialrechnen kann? Lange.

Erwarten Sie von Ihrem Hund keine Wunder. Hunde kommen nicht auf die Welt und wissen, was »Sitz« bedeutet. Sie müssen ihm jedes Kommando erst beibringen und dieses dann vier- bis achttausendmal üben, bis Sie sagen können: Jetzt weiß er, was ich beim Wort »Sitz« von ihm will. Das bedeutet für Sie im Klartext: Sie müssen jeden Tag sehr viel üben. Je mehr Sie sich mit Ihrem Hund beschäftigen, desto schneller wird es gehen. Wenn Sie einmal die Woche in der Welpenschule »Sitz« üben, wird es nie etwas werden. Üben Sie jeden Tag auf jedem Spaziergang alle bisher gelernten Übungen ca. 20 bis 30-mal an verschiedenen Orten (siehe Übungsplan).

Leichter sind die Kommandos für den Hund zu erkennen und zu erlernen, wenn alle Familienmitglieder die gleichen klaren Hand- und Wortzeichen benutzen. Legen Sie sich eventuell ein Übungsheftchen an, in dem Sie aufschreiben, bei welchem Hand- und Wortzeichen der Hund was machen soll. Das hilft Ihnen auch dabei, klar mit dem Hund zu reden. Hunde verstehen keine langen Sätze wie: »Fiffi, kannst du dich bitte hinsetzen und hier sitzen bleiben, ich will eben Brötchen kaufen, bin gleich wieder da!«

Klarer für den Hund ist: »Fiffi: Sitz und Bleib«. Vorausgesetzt natürlich, er hat diese Kommandos über Monate hinweg gelernt!

Eine Faustregel möchte ich Ihnen mit auf den Weg geben:
Geben Sie niemals ein Kommando, wenn Sie nicht sicher sind, dass der Hund

es befolgen kann. Wenn Ihr Hund sehr aufgeregt und abgelenkt ist, wird er Sie gar nicht wahrnehmen. Sie müssen es erst schaffen, dass der Hund Sie wahrnimmt, damit er Ihnen zuhören kann. Deshalb: Ein Hund, der Sie anschaut, hört Ihnen auch zu.

Ein Welpe muss in dem Alter gar keinen Befehl beherrschen und befolgen. Also können Sie ihn auch nicht durchsetzen. (Was Sie sowieso niemals körperlich tun sollten.)

Wenn die Ablenkung zu groß ist, machen Sie nicht den Fehler und zwingen Ihren Hund beispielsweise ins »Sitz« oder »Platz«, indem Sie ihn hinunterdrücken oder ähnliches.

Das einzige, was der Welpe lernt, wenn Sie in einer solchen Situation Befehle geben ist:

1. Frauchen redet und es geht mich nichts an.
2. »Sitz« heißt: Druck am Hintern kommt jetzt gleich und ist unangenehm.
3. Frauchens Nähe ist unangenehm (schlechtester Fall).

Auf keinen Fall lernt Ihr Hund jedoch auf diese Art, »Sitz« zu machen, wenn Sie es sagen. Also behalten Sie im Kopf: Wenn mein Hund mich nicht anschaut, brauche ich auch gar kein Kommando zu geben – also immer als Erstes die Aufmerksamkeit des Hundes auf sich lenken!

Warum gehorcht mein Hund so schlecht?

- ✔ Hunde bilden keine Rangordnung mit dem Menschen (siehe Dominanz) – es hat also nichts damit zu tun, dass Sie nicht der Chef sind.
- ✔ Hunde sind »Egoisten«, d.h. sie tun das, was sich für sie lohnt.

Beispiel: Hund sieht andere Hunde, will hinrennen und spielen. Frauchen ruft: »Fido, hier!!! Kommst du hierher!!!« Der Hund hat eine kleine Waagschale im Gehirn:

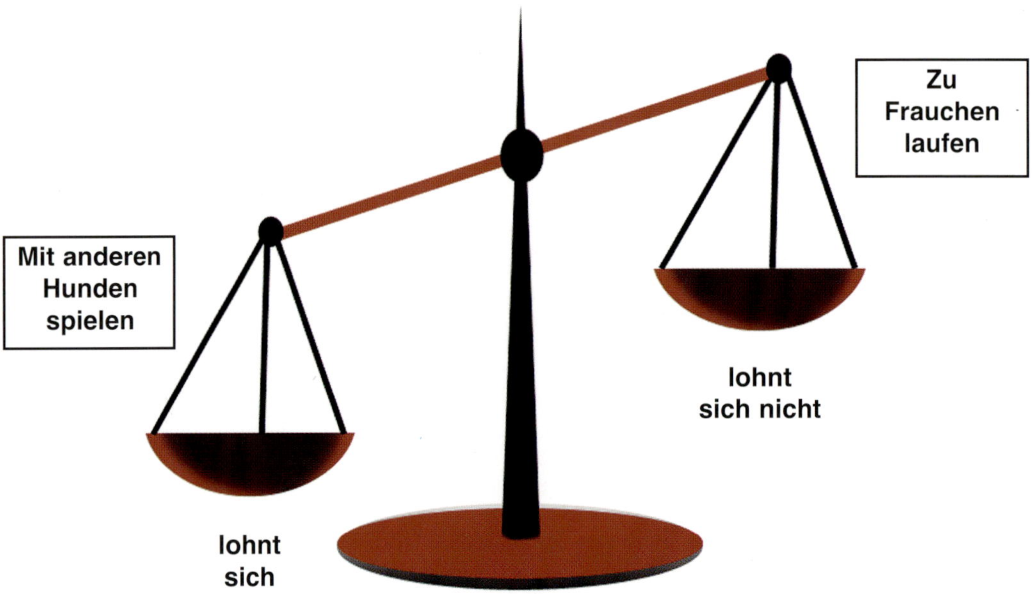

Hier legt der Hund die Entscheidung auf das Spiel mit anderen Hunden. Unsere Aufgabe:

- ✔ Der Hund soll sich immer entscheiden, dass das was wir sagen sich lohnt.
- ✔ Dies erreicht man durch viel Belohnung.
- ✔ Der Hund bekommt die guten Dinge nur von uns, nicht umsonst.
- ✔ Das bedeutet: Für Futter arbeiten, für Spielzeug arbeiten, so, wie wir für Geld arbeiten.
- ✔ Bisher hat Ihr Hund wahrscheinlich 10.000,-- € Arbeitslosengeld bekommen, z.B. in Form von
  1. Napf ist voll, steht womöglich immer gefüllt da oder wird zumindest einmal am Tag gefüllt.

2. Spielzeuge liegen immer herum, Hund kann spielen, wann er will.
3. Wenn er mit anderen Hunden spielen will, machen Sie schnell die Leine ab.
4. Er kann schnüffeln wo er will und wir halten an, wenn er dies möchte etc. etc.

✔ Der Hund soll nun lernen, dass er sich wichtige Dinge (auch Ressourcen genannt) erst verdienen muss, das bedeutet, wir sind die Bank und man muss mit uns kooperieren, damit man etwas Gutes bekommt.

Der Hund soll also reichlich belohnt werden, nur eben nicht mehr fürs Nichtstun. Es gibt zwei Möglichkeiten, warum der Hund gehorcht:

a) Er tut es, weil er gelernt hat, dass es sich für ihn lohnt.
b) Er tut es aus Angst, dass ihm sonst etwas Schlimmes widerfährt (z.B. Strafen).

Variante a) bietet dem Hund die Möglichkeit, schnell und stressfrei zu lernen,
Variante b) ist denkbar ungeeignet und schafft nur Misstrauen und Angst.

Also zielt die Ausbildung hier darauf ab, wie Sie in die Waagschale »lohnt sich« kommen.

TEIL 2

ÜBUNGSTEIL

Dieser Abschnitt ist in acht einzelne Wochen aufgeteilt. Sie finden für jeden Tag einen Übungsvorschlag beziehungsweise ein Theoriethema. Zur Entspannung steht an den Theorietagen nichts außer den normalen Spaziergängen in netter Umgebung für Sie und Ihren Welpen an!

Ich empfehle Ihnen, vorab mindestens eine Woche im Voraus zu lesen, um dann jeden Tag erneut durchzugehen. So vermeiden Sie Fehler und wissen, worauf Sie diese Woche hinarbeiten. Optimal wäre es natürlich, das Buch erst einmal ganz zu lesen um sich dann mit dem Welpen jeden Tag erneut vorzunehmen. Sollte Ihr Welpe schon älter als zehn Wochen sein, ziehen Sie die Ausflüge in der Abfolge vor, denn erinnern Sie sich: Was Sie jetzt an Zeit verstreichen lassen, können Sie nie wieder einholen!

Nichts geht von heute auf morgen, haben Sie Geduld mit Ihrem kleinen Welpen.

1. Woche: Montag

Praxis: Wie lernt der Welpe seinen Namen?

Der Welpe soll seinen Namen nur mit positiven Dingen verknüpfen. Deshalb zu Anfang gleich eine Grundregel: Schimpfen Sie den Welpen niemals mit seinem Namen!

Zu Beginn sagen Sie den Namen (als Beispiel benutzen wir in diesem Buch »Lupo«) und geben dem Welpen danach etwas besonders Leckeres. Immer wenn es etwas Tolles gibt, soll der Welpe vorher mit seinem Namen angesprochen werden. Das kann vor einem Spiel sein oder, falls Sie aus dem Napf füttern, bevor Sie ihm seinen Napf hinstellen. Wiederholen Sie diese Übung in den ersten Tagen sehr oft, dann wird der Kleine schnell verstehen, dass er gemeint ist, wenn Sie den Namen sagen.

Praxis: Wie gewöhne ich den Kleinen an ein Halsband?

Am Anfang empfinden die meisten Welpen ein Halsband als lästig. Legen Sie das Halsband während der ersten Tage immer dann an, wenn der Welpe frisst oder etwas Tolles kaut.

Auch draußen kann er es tragen, denn meist vergisst er beim Herumtollen das lästige Ding. Schon nach einigen Tagen wird er das Halsband kaum noch wahrnehmen.

Wichtig ist, dass Sie es ihm nicht abnehmen, wenn er sich kratzt, sondern dann, wenn er es gerade nicht bemerkt.

ACHTUNG!
ALTER HUT!

»Man muss einen Welpen mit der Nase in seine Pfützen und Häufchen tauchen, damit er weiß, dass er nicht in die Wohnung machen darf.«

»Man muss ihn am Nacken schütteln oder schimpfen, damit er weiß, dass er das nicht darf.«

Sicher haben Sie das schon einmal gehört. Vergessen Sie es am besten sofort! Aus solchen »Maßnahmen« lernen Hunde nur: In Anwesenheit von Frauchen Pipi machen ist gefährlich – und schon haben Sie einen Welpen, der auch draußen in Ihrer Gegenwart kein Pipi mehr macht, sondern es zu Hause hinter der Gardine versteckt. Lesen Sie hierzu das nächste Thema: Stubenreinheit.

1. Woche: Dienstag

Theorie: Wie wird mein Welpe stubenrein?

Haben Sie Geduld! Es ist wie bei kleinen Kindern. Nichts geht von heute auf morgen. Bei sehr jungen Welpen ist der Blasenschließmuskel noch nicht stark genug, um den Urin lange zurückhalten zu können. Als Faustregel gilt, den Welpen mindestens alle zwei Stunden nach draußen zu bringen.

Zusätzlich sollte der Welpe nach jedem Essen, nach dem Spielen und nach dem Schlafen die Möglichkeit haben, sich zu lösen.

Wenn der Welpe aufwacht, lassen Sie ihn auf keinen Fall selbst loslaufen. Die Wahrscheinlichkeit, dass es dann in der Wohnung passiert, ist sehr hoch. Nehmen Sie ihn besser auf dem Arm und tragen ihn zur nächsten Grünfläche. Loben Sie ihn, wenn er dort sein Geschäft macht. Freuen Sie sich, als wäre es ein Sechser im Lotto.

Passiert dennoch drinnen ein Geschäft, entfernen Sie es kommentarlos.

Behalten Sie den Welpen im Auge, schon bald werden Sie erkennen, wenn er mal muss.

Nachts sollten Sie eventuell während der ersten Tage einmal aufstehen, um ihn hinauszutragen. Manche Welpen schlafen auch von Anfang an die Nächte durch.

Wenn Ihr Welpe seine Box schon kennt und liebt, ist es ein großer Vorteil, ihn in der Box schlafen zu lassen. Da sie sein Schlafplatz ist, wird er sich dort drin nicht lösen (es sei denn, die Box ist riesengroß). Stellen Sie die Box neben Ihr Bett (zumindest die ersten Nächte). So werden Sie wach, wenn der Welpe unruhig wird und sich lösen muss.

ACHTUNG! ALTER HUT!

»Der weiß genau, dass er 'Sitz' machen soll!«

Bekannte Situation: Jemand steht an der Straßenecke und sagt immer lauter werdend: »Lupo sitz! Sitz! SITZ! SIIIITTTTZZZZ!!!!« Und der Hund setzt sich nicht. Schließlich wird der Hund am Po heruntergedrückt oder an der Leine geruckt. Die Begründung des Besitzers: »Der weiß genau, was 'Sitz' bedeutet und was er machen soll!«

Vergessen Sie solche Aussagen! Ein Hund muss jedes Kommando erst lernen und üben. Es liegt alleine in der Hand des Besitzers, ob ein Hund gehorcht oder nicht. Jeder Hund hat generell die gleichen Voraussetzungen, Kommandos zu lernen oder nicht zu lernen.

1. Woche: Mittwoch

Praxis: Übungseinheiten »Komm« und »Sitz«

Komm

Damit der Hund auf Zuruf auch aus aufregenden Situationen später gut zurückkommt, kann man gar nicht früh genug mit dem Üben anfangen. »Komm« ist einer der wichtigsten Befehle, die Ihr Hund lernen muss. Am Anfang erscheint es Ihnen möglicherweise nicht nötig, da Ihr Welpe sich kaum von Ihnen entfernt. Schnell kommt Ihnen der Gedanke: »Oh, Glück gehabt, einen gehorsamen Hund erwischt.« Jeder Hund wird jedoch gleich »gehorsam« oder »ungehorsam« geboren. Alles, was Sie später von ihm wollen, müssen Sie ihm beibringen. Je eher, desto besser.

Dass Ihr Welpe noch so nah bei Ihnen bleibt, liegt daran, dass er noch sehr jung ist. Ist er ein paar Wochen älter, wird er wagemutiger und die Welt erkunden wollen. Bis dahin sollten Sie ihm beigebracht haben, auf Rufen gern zu Ihnen zurückzukommen.

Der Anfang ist leicht: Hocken Sie sich hin, klatschen Sie in die Hände, rufen Sie mit freundlicher Stimme »Lupo, komm her!«, wenn Ihr Welpe gerade nichts Spannendes zu tun hat und nicht weit weg ist. Halten Sie ein tolles Leckerchen bereits in der Hand. Ist der Welpe bei Ihnen angekommen, loben Sie ihn freundlich. Halten Sie das Leckerchen in der rechten Hand und greifen mit der linken Hand zum Halsband des Welpen. Halten Sie ihn kurz fest und geben ihm erst dann das Leckerchen.

So lernt der Welpe gleichzeitig, dass der Griff zum Halsband nicht immer heißt, angeleint zu werden. Es gibt viele Hunde, die gelernt haben, dass der Griff zum Halsband das Ende des lustigen Freilaufens bedeutet. Sie weichen später bei jedem Griff zum Halsband aus und es wird schwierig, sie wieder einzufangen.

Damit Ihnen das nicht passiert, greifen Sie jedes Mal ans Halsband, bevor Sie Ihrem Welpen das Leckerchen geben.

Greifen Sie zur Gewöhnung jedesmal ans Halsband, bevor Sie dem Welpen das Leckerchen geben

»Komm« sollten Sie sehr oft üben. Nicht nur, wenn Sie den Welpen einfangen wollen, um nach Hause zu gehen, sondern immer wieder zwischendurch. Die ersten Monate bekommt der junge Hund für jedes Mal, das er zu Ihnen kommt, ein Leckerchen. Bitte behalten Sie das unbedingt bei, damit der Hund zuverlässig zurückkommt. Gerade junge Hunde finden schnell die Umwelt spannender, lassen Sie also nicht zu früh die Leckerchen weg.

Eine wichtige Regel für den Anfang: Rufen Sie nur, wenn der Welpe nicht abgelenkt ist.

Ist der Welpe sehr beschäftigt und nimmt Sie gar nicht wahr, gehen Sie hin, leinen ihn an und nehmen ihn mit. Rufen Sie ihn häufiger hintereinander, lernt er schnell: »Ach, sie ruft – das geht mich nichts an.«

Also noch einmal: Rufen Sie fünfundzwanzigmal auf einem Spaziergang »Komm«, obwohl der Welpe eigentlich nicht unbedingt kommen müsste, sondern einfach, um es zu üben. Wenn Sie dann fünfmal rufen, wenn er leicht abgelenkt ist, haben Sie eine gute Chance, dass er kommt. Ist die Ablenkung sehr groß, ist es klüger, hinzugehen und den Hund anzuleinen, anstatt sich das Rufkommando kaputt zu machen.

Einigen Sie sich innerhalb der Familie auf ein klares Kommando. Ich halte z.B. »Hier« oder »Zu mir« für sehr geeignet. Sprechen Sie den Hund mit seinem Namen an, reagiert er, schicken Sie das Kommando »Hier« hinterher. Rufen Sie freundlich und deutlich.

Sitz

»Sitz« üben Sie, indem Sie ein Leckerchen über die Nase des Welpen halten und das Leckerchen nach hinten über seinen Kopf führen, gerade so, als wollten Sie es ihm auf die Stirn drücken.

Halten Sie das Leckerchen dabei nicht zu hoch, sonst springt der Welpe hoch. Halten Sie es direkt vor seine Nase. Sobald er sitzt, bekommt er das Leckerchen. Das ist besonders wichtig! Er kann nur eine Sekunde lang das Lob mit dem verknüpfen, was er getan hat. Wenn Sie ihm das Leckerchen erst geben, wenn er wieder aufgestanden ist, lernt er das Falsche – nämlich dass es fürs Aufstehen die Belohnung gibt! Achten Sie also bei allen weiteren Übungen darauf, dass der Hund zum Zeitpunkt der Belohnung wirklich das Verhalten zeigt, welches Sie wünschen.

Am einfachsten ist es für Hunde, sich an Sichtzeichen zu orientieren. Deswegen empfehle ich, für »Sitz« den gehobenen Zeigefinger zu benutzen. Klemmen Sie das Leckerchen zwischen Daumen und Hand ein und heben den Zeigefinger wie folgt:

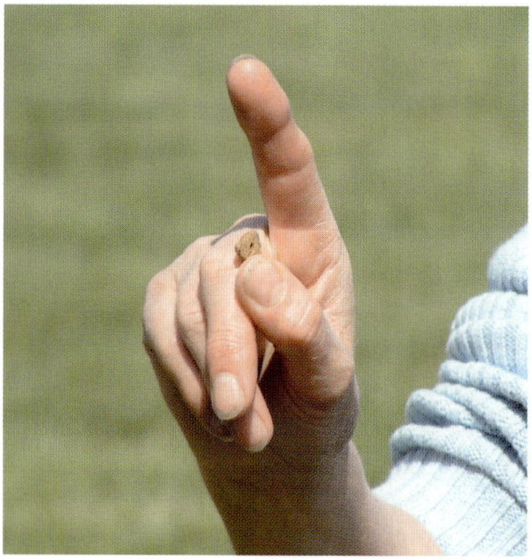

Passen Sie auf, dass Sie das Leckerchen gut festklemmen, damit der Welpe es sich nicht nehmen kann, bevor der das erwünschte Verhalten zeigt.

Sobald der Welpe sich nach einigen Tagen auf den gehobenen Zeigefinger zügig hinsetzt, führen Sie ein

Hörzeichen, nämlich das Wort »Sitz« ein. Würden Sie vorher schon das Kommando »Sitz« sagen, müssten Sie es wahrscheinlich häufiger sagen und der Hund gewöhnt sich nicht daran, klar auf ein Kommando zu gehorchen. Sie stehen da und sagen monoton »sitz, sitz, sitz, sitz«, bis der Hund sich irgendwann vielleicht setzt.

Sind Sie jedoch sicher, dass er sich auf den gehobenen Zeigefinger hin zügig setzt, brauchen Sie nur ein Kommando und der Hund sitzt sicher. So gewöhnt sich Ihr Hund daran, Ihnen zuzuhören.

Tun Sie sich selbst einen Gefallen und gehen Sie langsam vor. Ihr Hund soll lernen, dass es sich lohnt, Ihnen zuzuhören. Sie selbst sollen lernen, dass Sie dem Hund klare und einfache Kommandos geben. Bevor Sie diese geben können, müssen Sie eben erst eine Weile die Handzeichen üben.

Wenn Sie das Hörzeichen einführen, gehen Sie wie folgt vor:

1. Wort »Sitz«
2. Handzeichen gehobener Zeigefinger
3. Welpe setzt sich und bekommt Leckerchen

In dieser Reihenfolge lernt der Welpe am einfachsten, die Verknüpfung herzustellen:

»Wenn ich ‘Sitz‘ höre, dann lohnt es sich, meinen Po zum Boden zu bewegen.« Denken Sie daran: Es braucht vier- bis achttausend Wiederholungen, bis Ihr Hund etwas sicher kann. Bleiben Sie geduldig. Üben Sie es an verschiedenen Orten. Unter starker Ablenkung machen Sie es Ihrem Welpen einfacher, indem Sie einen Lernschritt zurückgehen.

Dabei kann es nötig sein, bei starker Ablenkung wieder bei Null (das heißt die Übung mit dem Leckerchen über den Kopf führen) anzufangen. Seien Sie nicht traurig, wenn Ihr Welpe zu Hause alles perfekt macht, aber außerhalb lieber spielen will. Nehmen Sie bessere Leckerlis (zum Beispiel Käse oder Fleischwurst) und helfen Sie ihm wieder mehr, indem Sie ihn mit dem Leckerchen führen, dann wird es bald auch unter Ablenkung perfekt klappen!

1. Woche: Donnerstag

Praxis: Ein Ausflug in den Kindergarten

An diesem Tag findet der erste Sozialisierungsausflug statt. Der Welpe soll Kinder als etwas sehr Positives kennen lernen. Kinder sind für einen Hund nicht einfach einzuschätzen: Sie bedrängen den Hund, machen Lärm und bewegen sich oft unkoordiniert und wild. Das kann den Hund verunsichern.

Lernt er Kinder nicht früh und positiv kennen, kann es sein, dass er später Probleme mit ihnen bekommt und aus Unsicherheit aggressiv reagiert.

Besuchen Sie einen Kindergarten in Ihrer Nähe, vielleicht haben Sie selbst Kinder und können den Welpen zum Hinbringen und Abholen Ihrer Kinder zu Schule und Kindergarten mitnehmen. Packen Sie Leckerchen ein, die besonders toll für den Welpen sind. Ich empfehle Fleischwurst oder Käse.

Achten Sie bitte darauf, dass nicht alle Kinder gleichzeitig auf Ihren Welpen zurennen. Bitten Sie die Kinder, sich in eine Reihe zu stellen, und jeder darf

dem Welpen ein Leckerchen geben und ihn streicheln. Die Kinder sollten den Welpen nicht hochheben dürfen. Vielleicht können Sie den Kindergarten öfter besuchen, je öfter Ihr Welpe diese gute Erfahrung macht, desto besser.

Füttern Sie den Welpen, wenn die Kinder herumrennen und wild spielen. Lassen Sie ihn nicht frei mit den Kindern mitlaufen, wenn er noch sehr klein ist. Die Gefahr, dass Kind oder auch Welpe zu grob werden und das Spiel keine positive Erfahrung mehr darstellt, ist zu groß.

Achtung! Ist Ihr Welpe sehr ängstlich, machen Sie nicht den Fehler, ihn zu überfordern. Eine erzwungene Erfahrung kann genau das Gegenteil von dem bewirken, was Sie erreichen möchten. Sie müssen sehr langsam vorgehen. Besuchen Sie den Kindergarten täglich, wenn die Kinder spielen, bleiben Sie jedoch in einiger Entfernung, wo der Welpe noch so entspannt ist, dass er die Leckerchen frisst. Gehen Sie täglich näher heran.

Ziehen oder schieben Sie den Hund nie mit Gewalt hin! Lassen Sie ihm immer die Möglichkeit, auszuweichen! Die Kinder dürfen einen ängstlichen Hund auf keinen Fall festhalten oder bedrängen!

1. Woche: Freitag

Theorie: Beißhemmung – oder Hilfe, meine Hände bluten schon!

Welpen beißen. Sie nagen alles an. Das ist normal. Ihr kleiner Hund muss allerdings lernen, mit seinen Zähnen vorsichtig zu sein und sie dosiert einzusetzen. Das wird Beißhemmung genannt. Diese ist nicht angeboren, sondern muss erlernt werden, und zwar im Spiel mit Gleichaltrigen und Ihnen selbst.

Wichtig ist, dass Sie ähnlich reagieren, wie ein gleichaltriger Welpe es tun würde: Quietschen Sie ein hochstimmiges »Au!« und beenden Sie sofort das Spiel, indem Sie die Hand wegziehen, sich umdrehen und den Welpen allein stehen lassen.

In einem hartnäckigen Fall kann es passieren, dass Ihr Welpe beim Weggehen in die Füße beißt oder sich an Ihr Hosenbein hängt. In diesem Fall empfiehlt es sich, entweder sofort den Raum zu verlassen und den Welpen kurz allein zu lassen oder den Welpen wortlos in einen Raum zu setzen, der wenig Spaß macht (zum Beispiel in die Gästetoilette). Lassen Sie ihn dort nur etwa dreißig Sekunden bis zwei Minuten, nicht länger.

Ergreifen Sie diese Maßnahmen jedoch nur, wenn Ihr Welpe nach etlichen Tagen mit »Au!« quietschen und Wegdrehen nicht damit aufhört, Sie zu tyrannisieren. Wichtig ist, dass Sie nicht »Aus, pfui, nein!!« durcheinander rufen. Das gibt dem Welpen keine Information. Achten Sie darauf, dass Besucher und Kinder ebenfalls auf diese Art reagieren. Kinder, die das nicht können, dürfen auf keinen Fall unkontrolliert mit dem Hund spielen, sonst lernt der Hund, dass er bei Kindern ruhig fest zubeißen kann.

Ähnliches gilt für das Beißen in Kleidung. Brechen Sie das Spiel augenblicklich ab, ohne Kommentar. Sprechen Sie kein Wort mit dem Welpen, fassen Sie ihn nicht an und sehen Sie ihn nicht an. Jegliche Zuwendung ist in dem Fall eine Belohnung, denn sie bedeutet für den Hund, dass das Verhalten ihm einen Vorteil bietet und er wird es in Zukunft öfter zeigen.

Sie werden merken, der Welpe beißt von Tag zu Tag weniger heftig und zerstört weniger Kleidung. Haben Sie Geduld!

1. Woche: Samstag

Praxis: Ausflug in die Stadt

Um den Welpen auf verschiedene Menschen und belebtere Situationen gut zu sozialisieren, steht an diesem Tag ein Ausflug in die Stadt auf dem Programm.

Fahren Sie am besten in eine Einkaufspassage in Ihrer Nähe. Der Ausflug soll nur sehr kurz sein. Planen Sie auf keinen Fall, parallel schnell noch eine neue Jeans zu kaufen. Diesen Ausflug machen Sie nur für den Welpen!

Nehmen Sie wieder sehr tolle Leckerchen mit. Gehen Sie durch die Passage und halten Sie alle paar Meter an, um den Welpen zu füttern. Üben Sie auch »Sitz« und »Schau«, denken Sie jedoch daran, es dem Welpen hier besonders einfach zu machen.

Fragen Sie verschiedene Menschen, ob sie Ihrem Welpen ein Leckerchen geben können. Vor allem ältere Menschen, eventuell mit Stock oder Gehhilfe, denn auch diese soll der Welpe positiv kennen lernen.

Gehen Sie über verschiedene Untergründe, nehmen Sie den Welpen auf den Arm und fahren Rolltreppe mit ihm. Halten Sie vor verschiedenen

Geschäften an, üben Sie dort »Sitz« und »Schau«, während Menschen vorbeigehen.

Fahren Sie spätestens nach zwanzig Minuten wieder nach Hause, denn Ihr Welpe wird sehr müde sein.

Auch hier gilt: Haben Sie einen sehr ängstlichen Welpen, überfordern Sie ihn nicht. Lassen Sie ihm die Zeit, die er braucht. Gehen Sie nicht so nah an belebte Orte heran. Machen Sie den Ausflug lieber öfter und gehen Sie jedes Mal weiter. Achten Sie darauf, dass der Welpe immer entspannt genug ist, um die Leckerchen zu fressen.

1. Woche: Sonntag

Praxis: Übungsaufbau »Schau«

Oftmals werde ich von meinen Kunden gefragt, warum diese Übung so wichtig ist und wozu sie sie brauchen.

Eine Antwort darauf: Ein Hund, der mich anschaut, hört mir auch zu!

Bringe ich meinem Welpen von klein auf bei, dass es sich lohnt, auf mich zu achten, wird er immer aufmerksam sein. Ich empfehle Ihnen, kein Kommando zu geben, wenn Ihr Hund woanders hinschaut. Schaut der Welpe sich um und beobachtet die Umwelt, befindet er sich mit den Gedanken woanders. Sie müssen ihn erst »zurückholen«, damit er Sie wahrnimmt. Dazu eignet sich das »Schau«.

»Schau« stärkt die Bindung Ihres Hundes an Sie und bietet bei eventuell später auftretenden Problemen einen guten Lösungsansatz. Auch um Jagdverhalten vorzubeugen ist es sehr nützlich. Ich halte es sogar für die wichtigste Übung, die ein Hund beherrschen sollte.

Gehen Sie dabei wie folgt vor: Nehmen Sie ein tolles Leckerchen und halten Sie es kurz vor die Nase des Welpen. Führen Sie es dann zu Ihrem Kinn. Der Welpe wird es mit den Augen verfolgen. Loben Sie ihn sofort mit »feiiin«, um zu signalisieren, dass genau das richtig war und geben ihm schnell das Leckerchen. Anfangs reicht es, wenn er Sie etwa eine Sekunde lang anschaut. Das Hörzeichen »Schau« wird später eingeführt, wenn der Hund den Blickkontakt längere Zeit hält. Verlangen Sie nicht von dem Hund, Ihnen in die Augen zu sehen. Viele Hunde empfinden direkten Blickkontakt als Bedrohung. Es reicht, wenn der Welpe auf Ihren Körper schaut. Achten Sie außerdem darauf, aufrecht zu stehen und sich nicht über den Welpen zu beugen, denn auch das bedeutet für ihn eine Bedrohung.

Üben Sie das »Schau« in allen nur erdenklichen Lebenslagen: Abends auf dem Sofa, unterwegs, auf Spaziergängen, eigentlich immer. Steigern Sie langsam die Zeit, die Sie das Leckerchen unter dem Kinn halten von einer Sekunde auf bis zu fünf oder sogar zehn Sekunden. Guckt der Welpe drei Sekunden lang verlässlich, sagen Sie während er guckt »Schau« und geben ihm sofort das Leckerchen. Wichtig ist, dass Sie vorher die Nase des Welpen zu sich »lenken«, indem Sie erst das Leckerchen vor seine Nase halten und dann zur Brust führen. Es wird lange dauern, bis er auf das Wort »Schau« wirklich zu Ihnen schaut, vor allem, wenn er gerade etwas anderes Spannendes sieht. Vermeiden Sie beim Kommando »Schau« genauso wie bei allen anderen Kommandos Wiederholungen. Denken Sie daran: Nichts lernt Ihr Hund schneller, als Sie zu überhören. Viele Wiederholungen führen dazu, dass der Hund nicht mehr zuhört. Konzentrieren Sie sich vermehrt auf Ihre Körpersprache, denn die nimmt der Hund besser wahr als Ihre Worte.

Die Übung soll langsam weiter ausgebaut werden, damit der Hund den Blickkontakt immer länger hält und die Konzentration, die er damit aufbaut, immer besser wird.

»Schau« ist eine äußerst sinnvolle Übung

2. Woche: Montag

Theorie: Ressourcenkontrolle – was heißt das für mich und den Welpen?

Ihr Welpe orientiert sich in den ersten Wochen noch sehr stark an Ihnen und entfernt sich nicht weit. Freuen Sie sich nicht zu früh über Ihren gehorsamen Welpen: Das wird schnell anders, wenn er älter wird! Die gute Nachricht lautet aber, dass Sie jetzt die Grundlagen dafür legen können, dass Ihr Hund sich auch in Zukunft immer an Ihnen orientiert, egal was Sie tun. Wenn Ihr Hund von klein auf lernt, immer zu schauen, wo Sie sind und sich nicht zu weit zu entfernen, haben Sie ihn besser unter Kontrolle. Sie müssen ihn nicht immer heranrufen, weil er von selbst kommt und nicht wegläuft.

Hunde möchten sich möglichst immer die Dinge nehmen, die gut und wichtig für sie sind, wie zum Beispiel Futter, gute Liegeplätze, Spielzeuge. Wenn der Hund all diese Dinge umsonst bekommt, wird er sich wenig nach Ihnen richten. Er hat ja alles, was er braucht. Sie streicheln und füttern ihn, wann er will und er kann Spielzeug zu Ihnen tragen und Sie beginnen mit ihm ein Spiel.

Es kann einfach sein, einen Hund zu haben, der sich an Ihnen orientiert. Der immer schaut, wo Sie sind und Ihnen folgt, auch ohne, dass Sie ihn rufen. Er muss nur wissen, dass er mit Ihnen kooperieren muss, um an die Dinge zu kommen, die ihm wichtig sind. Das bedeutet, dass Sie alles Wichtige kontrollieren. Das nennt man Ressourcenkontrolle.

Ich empfehle Ihnen, den Welpen nicht aus dem Napf zu füttern, sondern ausschließlich aus der Hand. Einen Futternapf braucht er in erster Zeit gar nicht. Das bedeutet nicht, die tägliche Menge Futter mit vollen Händen dem Hund hinzuhalten. Er soll kleine Dinge für sein Futter tun. Das soll keine perfekte Dressur werden, er soll nur lernen, dass er immer auf Sie achten muss und dafür sein Futter »verdient«. So bekommen Sie einen freudig gehorchenden Hund, der immer schaut, wo Sie gerade sind.

Am besten eignet sich zum Futtertransport unterwegs eine Gürteltasche, die Sie im Outdoor-Fachgeschäft oder im Internet bekommen. Füllen Sie das Trockenfutter Ihres Welpen morgens in diese Tasche und sprechen Sie ihn mehrmals täglich an. Üben Sie »Sitz« und »Komm« und die später noch folgenden Übungen auf den Spaziergängen. Sprechen Sie Ihren Welpen alle zwanzig Meter an. Rufen Sie »Komm«, wenn er nicht abgelenkt ist. Lassen Sie ihn sich sein Futter mit Kommen und Aufmerksamsein (siehe Übung »Schau«) verdienen. Das hat weiterhin den Vorteil, dass Sie viel üben können, ohne dass der Hund dick wird.

Mit Hilfe der Ressourcenkontrolle lässt sich auch die Pubertät eines Junghundes wesentlich leichter überstehen, da Sie klare und freundliche Regeln setzen.

Für Spielzeug gilt Ähnliches: Der Welpe kann gern ein einziges Spielzeug zur Verfügung haben, aber er soll nicht über alle Spielzeuge verfügen können. Bewahren Sie die spannendsten Spielzeuge in einer Kiste auf, holen sie mehrmals täglich heraus und beginnen ein kurzes Spiel. Nehmen Sie ein tolles Spielzeug mit auf den Spaziergang und beginnen Sie für den Welpen überraschend ein wildes Spiel. Dabei darf gezerrt und geknurrt werden, der Welpe darf das Spiel auch gern gewinnen. Machen Sie sich einfach spannend – Sie werden schnell Erfolge an Ihrem Hund bemerken.

2. Woche: Dienstag

Praxis: Übungsaufbau »Platz« / »Hinlegen«

Wie lernt mein Hund »Platz«? Ausgangsposition für das Hinlegen ist »Sitz«. Der Hund sitzt vor Ihnen und Sie hocken sich am besten hin. Halten Sie das Leckerchen wie auf dem Bild in der flachen Hand.

Leckerchen in der Hand halten

Das Handzeichen für »Platz« ist die flache Hand, mit dem Handrücken nach oben.

Führen Sie nun das Leckerchen von der Nase des Hundes Richtung Boden, zwischen seine Vorderbeine. Verliert er das Interesse, halten Sie das Leckerchen wieder vor seine Nase oder nehmen ein interessanteres Leckerchen. Wenn der Welpe sich hinlegt, drehen Sie die Hand um und geben ihm das Leckerchen.

Sollte der Welpe aufstehen, wenn Sie das Leckerchen mit der Hand nach unten führen, so haben Sie es wahrscheinlich zu weit vor ihn gehalten. Führen Sie es langsam und direkt zwischen den Vorderbeinen nach unten.

Sagen Sie zu Anfang noch kein Wort dazu, der Welpe soll erst das Handzeichen kennen, damit Sie nicht so oft »Platz« sagen müssen. Erst wenn er sich sicher auf das Handzeichen hinlegt, führen Sie das Hörzeichen ein. Hier gilt wie bei allen Kommandos: Üben Sie jederzeit, an jedem Ort, mehrmals täglich. Je öfter, desto besser.

Endziel: Handzeichen für »Platz«

Übungsaufbau »Platz« / »Hinlegen«

Wenn der Hund liegt, dreht sich die Hand um und es gibt das Leckerchen

»Platz« an verschiedenen Orten

2. Woche: Mittwoch

ACHTUNG! ALTER HUT!

»Ein Hund muss oft bestraft werden, damit er weiß, wo seine Grenzen sind.«

Es heißt oft, ein Welpe müsste am Nacken geschüttelt oder auf den Rücken gedreht werden, damit er weiß, dass er etwas falsch gemacht hat. Diese beiden Gesten bedeuten aber Todesandrohungen für den Hund! Er bekommt Panik vor Ihnen, lernt aber nicht, was er lassen soll. Ebenfalls ist der so genannte Schnauzengriff ungeeignet, um einen Welpen zu maßregeln. Hunde machen diesen Griff über die Schnauze mit ihrem Maul, nicht mit der bei ihnen nicht vorhandenen Hand. Ihr Welpe kann bei der Handlung keine Verknüpfung zum Maul seiner Mutter herstellen. Ihre Hand hat mit einer Hundeschnauze nichts gemeinsam. Lesen Sie hierzu das folgende Theoriethema »Strafe«.

Theorie: Den Welpen strafen? Wenn ja, wie?

Zu Strafe gibt es ein paar wichtige Dinge zu sagen. Es ist für einen Hund schwierig, aus Strafe zu lernen, denn er kann dabei nur lernen, was er nicht tun soll. Deshalb weiß er aber noch lange nicht, was er stattdessen tun soll. »Nein« hat kaum Informationswert. Es sagt zwar, dass dieser Weg falsch ist, aber nicht, welcher richtig ist. »Ja« bietet eine klarere Aussage, nämlich das genau dieser Weg richtig ist. Ein »Nein« kann sehr frustrierend sein.

Wenn Sie sich für Erziehung über Strafe entscheiden, müssen Sie drei Punkte bei der Anwendung von Strafe beachten, damit der Hund daraus lernen kann:

1. Die Strafe muss binnen einer Sekunde, besser gleich im Ansatz des falschen Verhaltens erfolgen. An alles, was länger zurückliegt, kann der Hund sich nicht mehr erinnern.
2. Die Strafe muss so hart sein, dass der Hund das unerwünschte Verhalten sofort stoppt. Es wird schnell ein Punkt erreicht, der ethisch fraglich ist.

Massiver Schmerz und Gewalt auch in psychischer Form sind für viele Hunde und auch den Besitzer nicht leicht zu verkraften. Nicht jeder Besitzer kann hart genug sein, um den Hund »korrekt« zu strafen. Ein leises »Nein« reicht normalerweise nicht aus.

3. Die Strafe muss immer erfolgen. Das bedeutet, egal, ob Sie anwesend sind oder nicht, egal ob Oma oder Ihr Kind mit dem Hund umgehen, jeder muss den Hund sofort und hart bestrafen, wenn er das unerwünschte Verhalten zeigt.

Diese drei Punkte sind vielleicht von sehr erfahrenen Trainern einzuhalten, auf keinen Fall jedoch von einer Familie, die eigentlich nur einen netten Familienhund haben möchte.

Ein weiterer Grund, warum Sie auf Strafe verzichten sollten: Hunde lernen kontextbezogen, das bedeutet, sie verknüpfen alle anwesenden Umweltreize mit dem Gelernten. Zum Beispiel sieht der Hund vielleicht gerade Ihr Kind an, während er am Wohnzimmerteppich nagt. Sie schreien ihn laut an und werden wirklich böse. Es könnte sein, dass Ihr Hund verknüpft: »Wenn Kinder im Wohnzimmer in meiner Nähe sind, ist das gefährlich für mich!«

Werden zusätzlich die alt hergebrachten Strafen wie Nackenschütteln oder auf den Rücken drehen (Todesandrohungen) benutzt, kann dies zu ernsthaften Problemen führen.

In meinem Kundenkreis betreute ich zwei Hunde aus zwei unterschiedlichen Familien, die als Welpen auf den Rücken geworfen wurden, nachdem sie Kinder im Spiel verfolgten und in die Kleidung bissen. Beide Hunde haben im Alter von anderthalb Jahren nach einem stressigen Tag das familieneigene Kind gebissen, als es ihnen ein Spielzeug wegnehmen wollte. Die Hunde hatten verknüpft, dass Kinder eine Gefahr bedeuten! Unter Stress kann ein Hund schnell aggressives Verhalten gegen in seinen Augen gefährliche Dinge zeigen. Strafe kann also im schlimmsten Fall sogar gefährliche Folgen haben. Sie können keine Gedanken lesen und wissen nie, welche Verknüpfungen der Hund bei der Erfahrung »Strafe« erstellt.

Ich möchte Ihnen empfehlen, den Hund so viel wie möglich zu kontrollieren. Lassen Sie ihn nicht wild mit den Kindern spielen, dann kann er sie auch nicht zwicken. Lassen Sie ihn nicht unbeaufsichtigt im Wohnzimmer, dann topft er nicht die Blumen um ... Eine Hilfe bietet hier die Box. Geben Sie dem Welpen ein tolles Kauspielzeug oder füllen Sie ihm seinen Kong ® mit Futter, Käse oder etwas Leberwurst. Wenn er die Box gut kennt, kann er dort eine Stunde oder, wenn er schläft, auch etwas länger bleiben. In dieser Zeit haben Sie Ruhe und ersparen sich und dem Welpen eine Menge Ärger.

ACHTUNG! ALTER HUT!

»Der weiß genau, was er gemacht hat, der hat ein schlechtes Gewissen!«

Dieses Argument wird immer gern vorgebracht, wenn der Besitzer nach Hause kommt und der Welpe hat den Müll ausgeräumt. Sie kommen rein, der Welpe verkriecht sich. Da sind Sie sicher: Der hat ein schlechtes Gewissen. Denken Sie daran: Ein Hund kann sich nicht länger als eine Sekunde daran erinnern, was er getan hat. Wenn er eine geduckte Körperhaltung einnimmt und weggeht, dann tut er das, weil er Ihren Ärger bemerkt. Er versucht, dem Ärger aus dem Weg zu gehen und zeigt eine demütige Haltung. Das bedeutet nicht, dass er ein schlechtes Gewissen hat, sondern, dass er in dem Augenblick Angst vor Ihrer Wut hat. Hunde, die im erwachsenen Alter dieses »schlechte Gewissen« schon zeigen, bevor der Besitzer den ausgeräumten Müll entdeckt haben, haben bereits kontextbezogen gelernt: Müll auf dem Boden, Herrchen kommt nach Hause, ich bin im Raum – das alles zusammen bedeutet Ärger. Das ist ein gutes Beispiel für das kontextbezogene Lernen.
Vermeiden Sie die Situation. Stellen Sie den Mülleimer dorthin, wo der Welpe ihn nicht erreichen kann.

2. Woche: Donnerstag

Praxis: Ausflug in den Kindergarten oder an eine Grundschule

An diesem Tag steht wieder ein Ausflug auf dem Programm. Ihr Welpe soll erneut verschiedene Kinder treffen. Gestalten Sie das Treffen genauso wie das erste Mal. Es ist wichtig, dass der Welpe spielende Kinder häufiger und regelmäßig kennen lernt. Je öfter Sie solche Ausflüge machen, desto selbstsicherer wird er werden. In diesem Buch kann ich nur vorschlagen, welchen Minimalaufwand Sie betreiben sollten. Es wäre gut, wenn Sie diese Ausflüge öfter machen könnten. Denken Sie daran, sie kurz zu halten, um den Welpen nicht zu überfordern. Fünfzehn Minuten eines solchen Ausfluges sind sehr anstrengend für einen Welpen!

2. Woche: Freitag

Theorie: Wie lernt mein Welpe, an der Leine zu laufen?

Jeder wünscht sich einen Hund, der nicht an der Leine zieht. Nichts ist schlimmer als ein 35 Kilo schwerer Labrador, der so sehr zieht, dass Frauchens Schulter chronisch schmerzt. Beugen Sie deshalb von Anfang an vor! Es gibt zwei Möglichkeiten: Entweder Sie üben von Anfang an hundertprozentig genau und konsequent oder Sie erlauben sich und dem Hund Pausen. Die erste Variante ohne erlaubte Pausen ist jedoch nur für Hunde geeignet, die von sich aus nur sehr selten ziehen.

Ich finde es leichter, dem Besitzer und dem Hund Pausen zu gönnen. Niemand kann immer üben. Manchmal fehlt die Zeit oder die Lust, darauf zu achten, dass der Hund nicht zieht. Ich empfehle deshalb, dem Hund einen Unterschied beizubringen:

Am Halsband muss er laufen ohne zu ziehen, am Brustgeschirr darf er ziehen. Im Brustgeschirr ziehen allerdings viele Hunde von selbst gar nicht mehr, weil es viel angenehmer ist, darin zu laufen. Der Hund hat nicht mehr den unangenehmen Druck auf dem Kehlkopf, der ein Gefühl von Atemnot erzeugt. Da der Hund nicht logisch folgern kann »wenn ich weniger ziehe, ist es weniger unangenehm«, wird er mehr ziehen. Hunde spüren den Druck und versuchen ihm zu entkommen, indem sie nach vorne »flüchten«. Dieser Teufelskreis entfällt bei der Verwendung eines Brustgeschirrs und sehr viele Hunde laufen deshalb damit besser.

Zum besseren Verständnis des Übungsprogramms die Antwort auf die Frage: Warum zieht ein Hund? Ein Hund zieht, weil er ein in seinen Augen spannendes Ziel erreichen möchte. Das können andere Hunde sein, ein Baum, den er markieren will oder seine Lieblingsspielwiese. Die größte Belohnung, die Sie einem solchen Hund geben können ist: Mitgehen! Das bedeutet: Wenn Sie sich auch nur einen halben Meter ziehen lassen, lernt Ihr Hund letztendlich durch Sie das Ziehen. Hatte er einmal Erfolg damit, wird er es wieder versuchen. Deshalb ist es schwer, ihm das Ziehen an der Leine abzugewöhnen und nur mit hoher Konsequenz möglich.

Nun zu den Übungen: Führen Sie Ihren Hund an einer festen Leine. An einer ausziehbaren Leine kann ein Hund das Laufen ohne Ziehen nicht lernen! Setzen Sie eine Flexileine, wenn überhaupt, nur am Geschirr ein! Erreicht der Welpe das Ende der etwa zwei bis drei Meter langen Leine, bleiben Sie stehen und sprechen Sie ihn freundlich an. Wenn er sich zu Ihnen umdreht, gehen Sie ein Stück rückwärts und lassen ihn zu sich kommen. Belohnen Sie ihn dafür mit einem Leckerchen und gehen Sie dann weiter. Sobald Sie sehen, dass der Hund wieder das Ende der Leine erreichen wird, bleiben Sie erneut stehen. Warten Sie nicht, bis die Leine gespannt ist, denn dann ist die Gefahr hoch, dass der Hund mit der gespannten Leine vorankommt. Der Lerneffekt der Übung für den Hund soll sein: Wenn die Leine gespannt ist, komme ich nicht voran. Ich muss selbst dafür sorgen, dass sie locker durchhängt, damit ich ans Ziel komme.

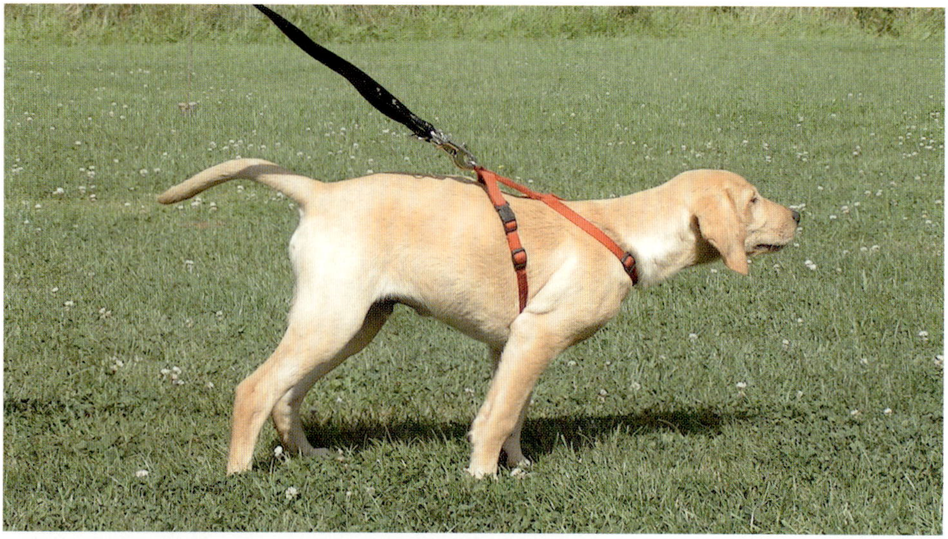

So geht es nicht voran

Der Hund lockert selbst die Leine

Bei dieser Methode dauert es unter Umständen lange, bis Sie ans Ziel kommen. Üben Sie regelmäßig und bleiben Sie konsequent. Wichtig ist, dass Sie die Leine nicht auf Spannung halten. Viele Hundehalter machen den Fehler, die Leine immer stramm zu halten, egal ob der Hund neben ihnen läuft oder vor ihnen.

Fassen Sie die Leine ganz am Ende! Der Hund soll lernen, dass es nur weitergeht, wenn die Leine durchhängt. Ein Welpe kann noch nicht perfekt neben Ihnen laufen.

Ziehen Sie Ihren Hund immer »doppelt« an, nämlich mit Halsband und Brustgeschirr. So können Sie die Leine ans Halsband klicken, um das oben beschriebene Anti-Zieh Training zu machen, und wenn Sie oder der Hund erschöpft sind, klicken Sie die Leine ans Brustgeschirr und können ihn somit

So ist es perfekt!

ziehen lassen. Lassen Sie den Hund jeden Tag einige Minuten länger am Halsband und damit im Anti-Zieh Training, dann wird er lernen, ohne zu ziehen am Halsband zu gehen.

Ich halte es auch bei erwachsenen Hunden so, dass ich sie unter starker Ablenkung am Brustgeschirr führe. So haben die Hunde und ich mehr Entspannung.

Es gibt Welpen, die wenig oder nie ziehen. In dem Fall können Sie, wenn Sie unbedingt wollen, auf ein Brustgeschirr verzichten. In diesem Fall müssen Sie jedoch in den Situationen, in denen er einmal zieht, sehr konsequent das

Anti-Zieh Training durchführen. Egal, wie eilig Sie es haben! Lassen Sie sich auch nur einmal ein kleines Stück ziehen, wird der Hund in Zukunft häufiger und eventuell immer stärker ziehen, weil es sich für ihn gelohnt hat. Das ist das Schwierige am Leinentraining: Sie dürfen sich keine Fehler gönnen, sonst machen Sie alles Training zunichte. Ein an der Leine ziehender Hund hat das Ziehen vom Besitzer gelernt. Es liegt also allein in Ihrer Hand.

Wechselt Ihr Welpe ständig von Ihrer linken auf Ihre rechte Seite, bleiben Sie geduldig. Führen Sie ihn wieder auf die Seite, an der Sie ihn gerade haben wollen. Es dauert, bis ein Hund aufhört, Sie in der Leine einzuwickeln.

Eine Anmerkung noch zu so genannten »Erziehungshalsbändern«. Viele Fachgeschäfte empfehlen leider immer noch Würge- oder sogar Stachelhalsbänder. Diese bereiten dem Hund starke Schmerzen! Er bekommt Atemnot, die wiederum führt zu Panik und zu Sauerstoffmangel im Gehirn. Unter solchen Umständen kann der Hund nicht lernen. Schlimmstenfalls stellt er Fehlverknüpfungen her, so wie bei der Strafanwendung besprochen. Er kann dadurch aggressiv gegen andere Hunde und Kinder reagieren, denn falls er an einem solchen Halsband zieht, weil er einen anderen Hund begrüßen will, verknüpft er den entstehenden Schmerz mit dem anderen Hund.

Was er bestimmt nicht lernt ist, dass er nicht ziehen soll! Für einen Hund kommt der Zug, wenn er zieht, von vorne auf seinen Hals. Hunde reagieren zumeist auf Druck mit Gegendruck, deswegen kommt es bei vielen Hunden zu einem immer stärkeren Ziehen, weil es für sie der einzige Weg scheint, dem Druck am Hals zu entkommen.

Halsbänder sind für einen an der Leine ziehenden Hund nicht ungefährlich. Abgesehen von den unerwünschten Lerneffekten kann es zu Schädigungen der Halswirbel und der in dieser Region liegenden Schilddrüse kommen. Aus diesem Grund ist ein Brustgeschirr für jeden Hund die freundlichere und schonendere Lösung. Sie müssen darauf achten, dass das Brustgeschirr fest ist. Es gibt so genannte Erziehungsgeschirre, bei denen dünne Bänder unter den Vorderbeinen entlanglaufen und sich beim Ziehen des Hundes zuziehen und einschneiden. Damit soll ein Schmerz ausgeübt werden, der den Hund am Ziehen hindern soll. Diese Geschirre können zu Lähmungen der kompletten Vordergliedmaße führen. Sie drücken zum Teil auf das Nervengeflecht, welches die Vorderhand versorgt. Passen Sie auf, dass der Fachhandel Ihnen diese auf keinen Fall verkauft!

2. Woche: Samstag

Praxis: Ausflug zu einem Marktplatz

Der Wochenmarkt bietet für den kleinen Welpen eine Menge an Erfahrungen. Dort sind vor allem alte Menschen und Mütter mit Kindern anzutreffen. Nehmen Sie Ihren Welpen lieber an sein Brustgeschirr, um bei starker Aufregung ein Ziehen an der Leine nicht zu fördern. Gehen Sie mit Leckerlis in der Hand über den Platz und versuchen Sie, die Aufmerksamkeit des Welpen auf sich zu lenken. Stellen Sie sich erst einmal am Rand auf und üben ein paar Mal »Sitz« und »Schau«. Fragen Sie verschiedene Personen, ob sie dem Hund ein Leckerchen geben möchten oder füttern Sie den Welpen selbst beim Anblick verschiedener Personen.

Wenn Frauen mit Kinderwagen unterwegs sind, füttern Sie Ihren Hund, wenn er an ihnen vorbeigeht. Halten Sie an dem einen oder anderen Stand an, an dem nicht so viel los ist. Versuchen Sie, ob der Welpe dort ein »Sitz« kann. Denken Sie daran: Hier herrscht massive Ablenkung, der Welpe wird viel mehr Hilfe benötigen als zu Hause beim Üben. Fangen Sie ganz einfach an, gehen Sie im Übungsprogramm für »Sitz« und »Schau« einige Schritte rückwärts, wenn es so aufregend ist.

Aufmerksamkeit unter Ablenkung

Auch hier gilt: Es ist gut, wenn Sie diesen Ausflug öfter machen als nur dieses eine Mal. Sie werden sehen, es klappt bei jedem Mal besser.

2. Woche: Sonntag

ACHTUNG! ALTER HUT!

Welpenschutz

Sicher haben Sie auch schon auf einem Spaziergang von anderen Hundebesitzern gehört:

»Ach, meiner wird Ihrem nichts tun, der hat ja noch Welpenschutz.«

Damit ist gemeint, dass erwachsene Hunde einem bis sechs Monate alten Hund automatisch nichts antun. Eine solche »Einrichtung« gibt es leider nicht! Erwachsene Hunde, die ein gutes Sozialverhalten haben, werden einem Welpen keinen Schaden zufügen. Das liegt aber nur daran, dass ein Welpe von Natur aus ein sehr starkes »Unterwürfigkeitsverhalten« zeigt. Er zeigt den erwachsenen Hunden, dass er andere Interessen hat und nicht in wirkliche Konkurrenz mit ihnen treten will.

Dennoch sind auch erwachsene Hunde unterschiedlich tolerant gegenüber Welpen. Manchen erwachsenen Hund bringt nichts aus der Ruhe, ein anderer kann genervt auf einen Welpen reagieren. Erschrecken Sie nicht, wenn ein erwachsener Hund Ihren Welpen anknurrt und zurechtweist. Der erwachsene Hund ist deswegen nicht verhaltensgestört, sondern wahrscheinlich war der Welpe ihm zu aufdringlich und unverschämt. Ihr Welpe muss lernen, dass man sich bei erwachsenen Hunden nicht alles erlauben kann. Der erwachsene Hund hat korrekt reagiert, es ist durchaus legitim, sich auch gegen Welpen zu wehren.

3. Woche: Montag

Praxis: Freundschaftsbesuch beim Tierarzt

Sie kennen sicher Hunde, die Angst vor dem Tierarztbesuch haben. Einen Tierarztbesuch kann man üben. Der Welpe kann lernen, dass der Tierarzt häufig Spaß und Belohnung bringt statt Schmerzen und Angst. Besuchen Sie Ihren Tierarzt und bitten Sie die Helferinnen, Ihrem Welpen ein paar Leckerlis zu geben. Vielleicht ist Ihr Tierarzt besonders nett und nimmt sich Zeit, um den Welpen auf den Untersuchungstisch zu setzen und ihm dort einige Leckerchen zu geben.

So bekommt der Welpe ein positives Gefühl, wenn er in eine Tierarztpraxis geht. Wenn Sie solche Ausflüge öfter machen, wird Ihr Hund ein Hundeleben lang gern in Tierarztpraxen gehen!

3. Woche: Dienstag

Praxis: Abenteuerspaziergang mit Übungen

Fahren Sie an diesem Tag an einen tollen Ort, zum Beispiel einen für den Hund fremden Wald, an den Strand oder einen See. Gehen Sie mit Ihrem Welpen dort spazieren, wo Sie vorher mit ihm noch nie waren. Üben Sie hier intensiv »Komm« und »Sitz«.

Denken Sie daran: Hunde lernen kontextbezogen, das heißt, wenn »Sitz« zu Hause auf dem roten Teppich gut klappt, funktioniert es draußen im grünen Gras noch lange nicht. Zeigt Ihr Welpe sich also unkonzentrierter als in gewohnter Umgebung, machen Sie die Übungen leichter. Nehmen Sie besonders gute Leckerchen und helfen ihm mehr. Falls es in Ihrer Nähe einen See oder einen Bach gibt, zeigen Sie Ihrem Welpen das Wasser. Werfen Sie Leckerchen in das flache Wasser oder gehen Sie selbst ein Stück mit in das Wasser. Zwingen Sie den Welpen nicht, wenn er nicht ins Wasser will – Sie dürfen ihn auf keinen Fall ins Wasser ziehen oder sogar werfen! Wenn der Welpe vor etwas Angst hat, soll er die Zeit bekommen, die er benötigt, um die Sache zu erkunden und seine Angst abzubauen.

Ich empfehle Ihnen, viele Abenteuerspaziergänge zu machen. Je öfter Sie in fremder Umgebung mit Ihrem Welpen spazieren gehen, desto besser lernt er die Kommandos zu generalisieren, das bedeutet, sie an jedem Ort und in jeder Situation zu beherrschen. Immer die gleiche Spaziergehrunde ist nicht nur für Sie, sondern auch für den Hund langweilig.

3. Woche: Mittwoch

Theorie: Hilfe, mein Hund springt Menschen an!

Sie kennen das bestimmt: Sie treffen einen Bekannten, dessen Hund sich riesig freut, Sie zu sehen. Er springt an Ihnen hoch und selbstverständlich hatte er sich vorher in einer schlammigen Pfütze vergnügt. Keine schöne Vorstellung, selbst für Sie als Hundefreund? Verständlich!

Anspringen ist ein Problem, das Hundehalter und deren Mitmenschen stört und leider häufig auftritt. Hunde springen Menschen an, um beachtet zu werden und um sie zu begrüßen. Das bedeutet für uns: Wenn Sie den Welpen (oder auch erwachsenen Hund) beachten, wenn er Sie anspringt, dann hat er erreicht, was er wollte. Beachten heißt in dem Fall: angucken, anfassen, ansprechen. Egal in welcher Form! Springt der Hund hoch und Sie sehen ihn kurz an: Schon belohnt! Springt er hoch und Sie drücken ihn runter oder schubsen ihn weg: Schon belohnt! Springt er hoch und Sie sagen: »Nicht springen« oder »Runter«: Schon belohnt!

Das ist der häufigste Fehler, den Menschen machen: Sie beachten den Hund für das Anspringen. Sie können schon mit einem Welpen trainieren, dass er für das Anspringen nicht belohnt wird. Jeder, der Kontakt mit dem Welpen hat, wird angeleitet, sich sofort umzudrehen, sobald der Welpe zu springen beginnt. Dabei dürfen diese Personen nicht kurz vorher den Welpen ansehen, weil er so süß ist oder dem Welpen sagen, dass er sie nicht anspringen soll! Leinen Sie den Welpen zur Not die erste Zeit am Brustgeschirr an, wenn er Menschen begrüßt. Sie können ihn in einer Entfernung festhalten, in der es ihm nicht möglich ist, die Menschen anzuspringen.

Üben Sie erst an sich selbst und dann mit Fremden Folgendes: Ein Helfer hält den Hund an der Leine fest. Eine andere Person geht auf den Hund zu und will diesen begrüßen. Versucht der Hund zu springen, dreht sich die Person einfach um. Sie sagt dabei nichts! Wenn der Hund etwa drei Sekunden lang mit allen vier Beinen am Boden war, kann die Person sich dem Hund zuwenden und ihn begrüßen. Dazu geht sie am besten in die Hocke, damit der Hund weniger Anreiz hat, zu springen. Optimal wäre es, dem Welpen beizubringen, dass er sitzen soll, wenn er Menschen begrüßen will. Dazu muss die Person, die ihn an der Leine hält dem Hund mit einem Leckerchen und einem klaren Handzeichen helfen, damit er sich setzt. Dann wird er begrüßt und bekommt das Leckerchen. Diese Lernstufe können Sie auch später noch einbauen. Wichtig ist erst einmal, dass der Welpe versteht: »Wenn ich einen Menschen begrüßen möchte, klappt das nur, wenn ich stehe oder sitze.

Falsch: der Hund wird angesehen

Richtig: einfach wegdrehen

Anspringen ist sinnlos, weil ich dann missachtet werde«. Wenn es bis hierher gut klappt, können Sie den Schwierigkeitsgrad erhöhen und den Welpen regelrecht auffordern, zu springen: Die begrüßende Person reißt die Arme hoch, klatscht, klopft sich an die Brust und macht hohe Geräusche »Ach, du Feiner!!« Wenn der Hund springt, dreht sie sich sofort weg. Trotz solcher Verführungen zum Anspringen soll der Hund lernen, sitzen bzw. stehen zu bleiben. Wenn er sitzt oder steht, bekommt er ein Leckerchen, die Person hockt sich hin und begrüßt ihn.

»Nun gut« werden Sie nun sagen, »bei Bekannten, die ich vorher genau einweisen kann, mag das ja alles gut klappen, was aber, wenn ich draußen auf fremde Personen treffe und mein Welpe diese anspringt?« Wenn Sie und Ihr Welpe unterwegs Passanten treffen, die er gerne anspringen würde, dann lenken Sie ihn rechtzeitig ab, so dass er zu diesen gar nicht erst hinrennt. Leinen Sie ihn notfalls zum Vorbeigehen an und versuchen Sie, mit einem »Schau« an den Passanten vorbeizukommen. Gestatten Sie den Passanten nicht, den Hund zu begrüßen. Der Welpe soll so lernen, dass es lohnender ist, Passanten zu ignorieren. Denn wenn Ihr noch so kleiner, süßer Labrador später 35 Kilo wiegt und aus einem Schlickgraben kommt, werden die Passanten eine noch so freundlich gemeinte Begrüßung mit Schlammabdrücken auf der Sonntagskleidung nicht mehr witzig finden. Der Hund kann das nicht unterscheiden. Das bedeutet für Sie: Wenn Sie nicht möchten, dass er später Menschen anspringt, müssen Sie <u>jetzt</u> konsequent daran arbeiten.

Wird der Welpe nur von jeder zehnten Person durch Aufmerksamkeit belohnt, die er anspringt, wird er das Anspringen nicht lassen.

Sie sehen schon, das Anti-Anspring Training ist sehr mühsam und schwer konsequent durchzuziehen. Bemühen Sie sich trotzdem, Sie werden später froh darum sein. Achten Sie vor allem bei sich selbst darauf, dass Sie Ihren Hund wirklich nicht beachten, wenn er Sie anspringt.

3. Woche: Donnerstag

Praxis: Verschiedene Untergründe und Regenschirme

Stellen Sie sich vor, aus Ihrem kleinen Welpen ist inzwischen ein stattlicher Hund geworden. Sie planen einen Ausflug und sind mit dem Zug an einen schönen Ort gefahren. Dort steigen Sie aus, der einzige Weg aus dem Bahnhof führt über ein breites Regenabflussgitter und Ihr Hund tut vor Angst keinen Schritt mehr.

Um so etwas künftig zu vermeiden, soll der Welpe heute lernen, Untergründe aller Art zu begehen. Das ist wichtig, um seine Tastsinne zu fördern und seine Angst vor verschiedenen Untergründen abzubauen. Besonders wichtig ist das, wenn Sie eine Rasse haben, die zu Problemen mit Untergründen neigt, zum Beispiel Langhaarcollies. Gehen Sie über Laminat, Fliesen (sehr glänzende, wie in Einkaufspassagen), Teppichböden, Fußabtretermatten aus Kokos oder stacheligem grünem »Kunstrasen«, Gitterroste, eventuell ein paar Stufen einer Gittertreppe. Oftmals liegen über Lüftungsschächten Gitter. Gehen Sie mit Ihrem Welpen darüber. Kies, Sand, Schotter, Steinwege – alle Untergründe, die Sie in erreichbarer Nähe haben, sollten trainiert werden. Entdecken Sie unterwegs einen Untergrund, den Ihr Hund noch nicht kennt, gehen Sie mit ihm darüber.

Auch hier gilt: Füttern Sie ihn dabei. Lassen Sie ihn auf dem Untergrund anhalten und geben Sie ihm dann ein Leckerchen. Ist ein Untergrund dabei, vor dem der Welpe große Angst zeigt, gilt: Lassen Sie ihm Zeit! Versuchen Sie es lieber in kleinen Schritten an mehreren Tagen hintereinander, anstatt den Hund zu ziehen!

Spannen Sie einige Male einen Regenschirm auf, während Ihr Welpe in der Nähe ist. Eine andere Person sollte ihn dabei füttern. Im regnerischen Herbst wird Ihr Welpe sich sonst möglicherweise sehr erschrecken, wenn er Regenschirme

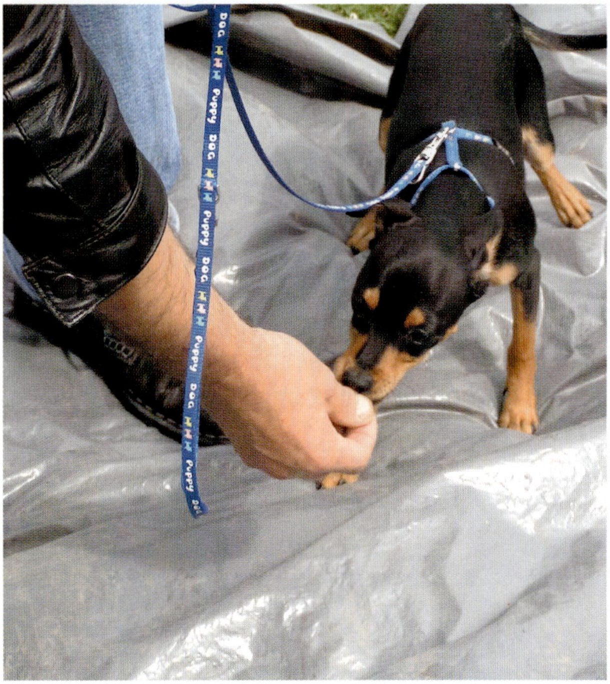

sieht. Auch mit einer flatternden Plane können Sie üben. Gehen Sie darunter durch, während jemand sie hochhält und lassen Sie Ihren Welpen darauf herumlaufen oder einmal ein »Sitz« machen. Je mehr Dinge Sie sich einfallen lassen, desto selbstbewusster und unerschrockener wird Ihr Welpe werden.

3. Woche: Freitag

Praxis: Duldungsübungen oder »Doktorspielchen«

Sicherlich haben Sie in Ihrem Bekanntenkreis auch Hunde, die sich zum Beispiel nicht einmal die Ohren sauber machen lassen, sondern sofort um sich beißen. Damit das mit Ihrem Welpen später entspannter abläuft, müssen Sie so etwas systematisch üben.

Ein Hund, der in einer Untersuchungssituation knurrt, schnappt oder beißt, tut dies nicht, weil er »dominant« ist (siehe alter Hut Dominanz), sondern, weil er Angst um sein Leben hat. Er weiß nicht, dass Sie ihm helfen wollen, das können Sie ihm auch nicht verständlich machen. Das bedeutet für Sie: Sie müssen dem Welpen beibringen, sich vertrauensvoll überall anfassen und untersuchen zu lassen. Er soll lernen, dass ihm nichts geschieht, im Gegenteil, dass er damit sogar Leckerchen verdienen kann. Anfangs üben Sie und Ihre Familienmitglieder mit ihm, wenn das gut klappt, sollten Sie auch fremde Personen den Hund untersuchen lassen. Jeder Tierarzt wird es Ihnen danken und muss weniger »Gewalt« aufbringen, um an Ihrem Hund Behandlungen durchzuführen. Falls Ihr Hund Tabletten nehmen muss oder eine Ohrenentzündung hat, die behandelt werden muss, haben es alle Beteiligten leichter.

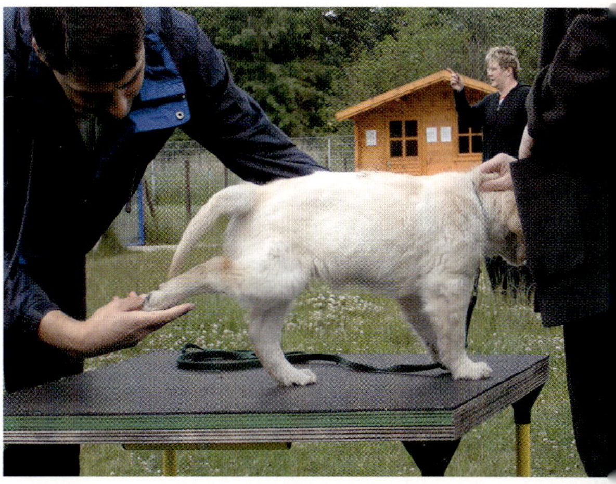

Stellen Sie Ihren Welpen wenn möglich auf einen Tisch oder eine andere erhöhte Fläche, zur Not können Sie auch auf dem Fußboden üben. Eine Person füttert den Welpen und eine andere »untersucht« ihn. Schauen Sie in die Ohren und wischen Sie sie mit einem feuchten Wattebausch aus. Heben Sie die Rute hoch und schauen, als wollten Sie Fieber messen. Heben Sie alle Pfoten an und trocknen sie mit einem

Lappen ab. Das ist eine gute Übung, damit es im Winter besser gelingt, wenn der Welpe sehr nass und dreckig ist. Öffnen Sie den Fang, indem Sie mit der einen Hand den Kopf fixieren und mit der anderen Hand mit zwei Fingern von vorne in den Fang fassen und vorsichtig den Unterkiefer nach unten drücken. Schauen Sie sich die Zähne an, indem Sie die Lefzen hochheben. Durchsuchen Sie das Fell nach Ungeziefer.

Wiederholen Sie diese Übungen öfter und lassen Sie sie von fremden Personen machen. Wichtig ist, dass Sie zu Anfang nicht zu lange üben. Geben Sie dem Welpen anfangs viele Leckerchen, später gibt es nur noch ein Leckerchen pro Untersuchung.

3. Woche: Samstag

Praxis: Alleinsein – aller Anfang ist schwer

Die meisten Familien sind gezwungen, ihren Hund einige Stunden am Tag allein zu lassen. Dabei sollten aber sechs Stunden täglich möglichst nicht überschritten werden. Damit der Hund später einmal stressfrei allein sein kann, sollten Sie schon im Alltag ein einfaches Training mit einfließen lassen. Das Einfachste ist es, im Haus damit anzufangen. Gehen Sie in das Badezimmer und schließen die Tür hinter sich (haben Sie eine Familie, möglichst dann, wenn niemand anderes da ist). Sagen Sie nichts zu dem Welpen, tun Sie so, als wäre er gar nicht da. Kommen Sie anfangs sofort wieder heraus, wenn der Welpe still ist. Sollte er jaulen, warten Sie ab, bis er ruhig ist, sonst lernt er, dass er Sie mit Jammern zurückholen kann und wird später die schönsten Heulkonzerte veranstalten. Wichtig ist, dass Sie ihn nie ausschimpfen, wenn er jammert. Für den Welpen ist das Zurückkommen eine solche Belohnung, dass es ihm egal ist, ob Sie schimpfen, Hauptsache, Sie kommen zurück!

Ist der Welpe ruhig, können Sie die Phasen, in denen er allein in einem anderen Raum ist, langsam ausdehnen. Welpen reagieren sehr unterschiedlich auf diese Übungen. Es kann sein, dass es vier Wochen dauert, bis Ihr Welpe eine Minute allein vor dem Bad warten kann. Es kann genauso gut sein, dass Sie es in zwei Wochen schon auf eine halbe Stunde gesteigert haben. Halten Sie die Zeit immer so kurz, dass er gar nicht erst anfängt zu jammern. Das kann am Anfang eine Sekunde sein! Haben Sie Geduld!

Klappt das innerhalb des Hauses gut, sollten Sie schon das Haus kurz verlassen. Bringen Sie den Müll weg und nehmen den Welpen nicht mit. Gehen Sie kurz hinaus, um gleich wieder hereinzukommen.

Wichtig ist es, bei den Alleinseinübungen sämtliche Abschiedszeremonien wegzulassen. Wenn Sie gehen, tun Sie so, als hätten Sie gar keinen Hund. Sie können ihm etwas Tolles zum Kauen geben, damit er gar nicht merkt, dass Sie gehen. Vermeiden Sie große Worte wie »Lupo, bleib fein, Frauchen kommt ja gleich wieder – und schön brav sein – sei ganz lieb, ja ...« Sie sind weg und basta! Wenn Sie zurückkommen, sagen Sie kurz Hallo, streicheln den Hund einen Moment und wenden sich Ihren alltäglichen Dingen zu. Der Hund soll lernen: »Menschen gehen manchmal weg und kommen immer wieder, das ist nicht weiter aufregend«. Je mehr Aufhebens Sie um das Gehen und Kommen machen, umso stärker wird für den Hund der Gegensatz: Wenn mein Mensch da ist, ist alles toll, wenn er weg ist, ist alles schrecklich.

Wenn Sie von Anfang an entspanntes Alleinsein langsam und schrittweise üben, wird Ihr Hund später keine Probleme damit haben. Ein vier Monate alter Welpe kann durchaus zwei bis drei Stunden allein bleiben, vor allem, wenn er müde ist und sich vorher lösen konnte. Steigern Sie die Zeit des Alleinseins nur langsam. Mit neun Monaten kann er bis zu sechs Stunden allein bleiben. Vermeiden Sie es jedoch, ihn die ersten Wochen lange Zeit alleine zu lassen. Neuere Erkenntnisse zeigen, dass langes, traumatisches Alleinsein bis zur zwölften Woche die Wahrscheinlichkeit erhöht, dass der Hund später an Trennungsangst leiden wird.

3. Woche: Sonntag

**ACHTUNG!
ALTER HUT!**

Dominanz und Rangordnung

»Du musst ihm zeigen, dass Du der Chef bist!«

Viele Hundeausbilder haben heute noch diese inzwischen längst überholte Meinung. Jeder Hund, der Kommandos schlecht befolgt oder Aggressionen zeigt, ist ihrer Ansicht nach »dominant«. Es ist ein einfaches Konzept: Dem Hund soll nur irgendwie klar gemacht werden, wer der Chef ist, dann ginge der Rest schon von alleine! Dazu gibt es nach der alten Literatur zwei Wege: Die ganz alte Methode ist Gewalt – auf den Rücken werfen, Nackenschütteln, sich auf den Hund werfen, ihn zu Boden drücken, Kehle zuhalten und ähnliches. Die etwas neuere, aber trotzdem veraltete Methode geht andere Wege: Man soll immer zuerst durch die Tür gehen, zuerst essen, den Hund ignorieren, den Hund nur hinter sich gehen lassen, gemeinsame Beutespiele mit ihm machen und als Chef die Beute aufteilen, der Hund darf nicht erhöht liegen und so weiter.

Es ist wichtig, zu wissen, dass das Wort »dominant« auf Hunde bezogen auf keinen Fall das bedeutet, wofür es die Menschen noch immer häufig einsetzen: Nach Macht strebend. »Dominant« ist auch keine Charaktereigenschaft, sondern bedeutet nur: In dieser einzelnen, bestimmten Situation überlegen. Am besten, Sie streichen dieses höchst verwirrende und ständig missbrauchte Wort komplett aus Ihrem Wortschatz und vergessen diese oben genannten Einstellungen schleunigst. Lesen Sie stattdessen die unten stehende Erklärung.

Rangordnungen werden nur innerartlich ausgebildet. Ihr Hund weiß sehr genau, dass er ein Hund ist und Sie ein Mensch. Sie riechen, handeln und bewegen sich nicht wie ein Hund, geschweige denn sehen Sie so aus wie einer.

Viele der alten Theorien stützen sich auf Beobachtungen von Wölfen, die willkürlich in ein Gehege zusammengesetzt wurden. Natürlich entstand in solchen Gruppen massive Aggression, das ist bei dem begrenzten Platzangebot und der »unnatürlichen« Gruppenzusammenstellung auch nicht verwunderlich. Das Verhalten, welches diese Wölfe zeigten, wurde dann fälschlicherweise eins zu eins auf unseren Haushund übertragen. Es müssen jedoch folgende Dinge beachtet werden:

1. Man müsste das Verhalten wildlebender Wölfe als Beispiel nehmen. Diese bilden friedlich lebende Familienverbände, welche ihre Rangordnung über Souveränität und freundliche Führung bilden. Es gibt kaum ernsthafte Streitigkeiten, denn diese wären eher nachteilig für die Gruppe. Streitigkeiten können zu Verletzungen führen und bedeuten zudem einen Kraftverlust. Es kann keine Kraft auf solche Dinge verschwendet werden. Verletzte Tiere können nicht mit auf die Jagd gehen und so eventuell das Überleben der Gruppe in Gefahr bringen. Es ist keinesfalls so, dass jeder Wolf in der Gruppe den ganzen Tag nur darüber nachdenkt, wie er den Führer stürzen könnte. Nur sehr souveräne und selbstbewusste, ruhige und kluge Tiere sind in einem solchen wilden Rudel Alphas. Diese Tiere sind miteinander verwandt und nicht von Menschen zusammengewürfelt.
2. Die Vorfahren unserer heutigen Hunde waren eine Art »Urhunde«, die sich durch natürliche Selektion gebildet haben. Das heißt, es war nicht so, wie man bisher dachte: Der Mensch nimmt Wolfswelpen, zähmt sie, verpaart sie miteinander und bekommt dann zahme Hunde. Diese Theorie ist nicht korrekt, denn Erlerntes kann nicht vererbt werden.

Vermutlich fanden durch Mutationen in ihren Genen bedingt weniger aggressive und scheue Wölfe eine ökologische Nische in den sich langsam bildenden menschlichen Siedlungen. Sie ernährten sich von Abfällen und waren im Gegensatz zu ihren Artgenossen eher Einzelgänger. Aus der Verpaarung dieser Einzelgänger entwickelten sich zahmere, kleinere Tiere mit Überlebensvorteilen in diesem Lebensraum, die so genannten »Urhunde«. Sie lebten nicht mehr in großen Rudeln, sondern allein, eventuell zu zweit. Etliche Verhaltensweisen, die keinen Vorteil mehr boten, gingen durch den normalen Evolutionsprozess verloren, während andere Verhaltensweisen wie zum Beispiel Beschwichtigungsgesten perfektioniert wurden. Es entstand eine eigene Spezies, die man als Vorfahren unserer Hunde sehen kann.

Das bedeutet für uns und unsere Einstellung zu unseren Hunden: Der Hund ist mit dem Wolf etwa so vergleichbar wie wir mit dem Affen. Lausen Sie abends Ihre Familie? Nein! Somit kann man auch nicht erwarten, dass der

Hund sich so verhält wie ein Wolf. Unsere Hunde sind keine Wölfe! Das ist ein wichtiger Grundsatz. Es spielt für den Hund keine Rolle, ob er auf dem Sofa oder sogar im Bett schläft. Ob der Hund gehorcht, hat nichts damit zu tun, an welcher Stelle im »Rudel« ich als Hundeführer stehe oder glaube zu stehen. Ob Ihr Hund Ihnen gehorcht, liegt allein daran, ob Sie es schaffen, ihm klarzumachen, was Sie überhaupt von ihm wollen und dass es sich für ihn lohnt, Dinge zu tun, die Sie ihm sagen.

Werden Sie also für Ihren Hund der »Schlüssel zum Erfolg«, seien Sie konsequent und vertrauenswürdig. Machen Sie sich und Ihrem Hund nicht unnötig das Leben schwer, indem Sie sich über veraltete Mensch-Hund-Rudeltheorien den Kopf zerbrechen.

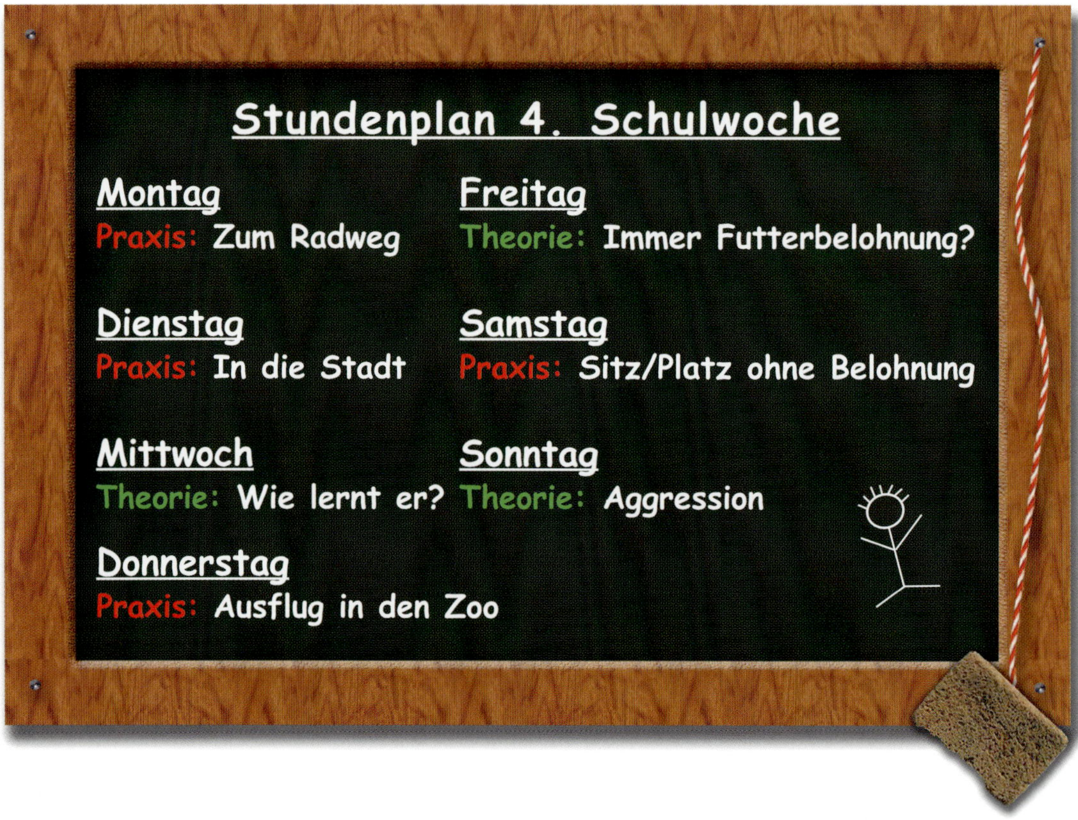

4. Woche: Montag

Praxis: Ausflug an einen Radweg

Je nachdem wo Sie wohnen, werden Sie sicherlich schon etliche Radfahrer getroffen haben. Trotzdem empfehle ich Ihnen hier noch einmal speziell, an einem gut befahrenen Radweg zu üben. Gehen Sie an langer und möglichst lockerer Leine mit Ihrem Welpen dort spazieren. Eventuell stellen Sie sich am Rand des Radweges auf, wo Sie niemanden stören. Während Radfahrer vorbeifahren, versuchen Sie das »Schau« zu üben. Füttern Sie den Welpen, wenn er Sie anschaut. Er soll dadurch lernen

a) Radfahrer sind ungefährlich
b) Radfahrer sind auch uninteressant
c) Frauchen/Herrchen anschauen ist immer gut, wenn Radfahrer kommen

Wenn Sie dieses Programm regelmäßig durchführen, können sie dem eventuellen Jagen von Radfahrern sehr gut vorbeugen. Vermeiden Sie es, dass Ihr Welpe in der ersten Zeit die Möglichkeit bekommt, frei einem Rad hinterher zu jagen. Passen Sie auch auf, dass er nicht von einem Radfahrer angefahren wird. Am besten leinen Sie ihn die ersten Wochen und Monate an, wenn viele Fahrräder vorbeifahren. Mit einzeln vorbeifahrenden Radfahrern (zum Beispiel im Wald) können Sie auch mit Ihrem freilaufenden Hund üben. Machen Sie ihn sehr früh, wenn Sie einen Radfahrer von weitem kommen sehen, auf sich aufmerksam und belohnen das »Schau«, während der Radfahrer vorbeifährt.

Es soll genauso werden wie mit den Spaziergängern auch: Am Ende soll der Hund vorbeifahrende Radfahrer ignorieren.

4. Woche: Dienstag

Praxis: Ausflug in die Stadt

Heute steht wieder ein Ausflug in die Stadt auf dem Programm. Inzwischen sollten Sie mit Ihrem Welpen so weit sein, dass Sie auch längere Zeit vor Geschäften anhalten können und er sich besser auf Sie konzentrieren kann. Versuchen Sie, eine Passage oder einen Bahnhof zu finden, in dem der Einkaufstrubel überdacht ist. Durch die hallenden Töne ist alles oft noch schwieriger für den Welpen. Versuchen Sie, mit dem Welpen verschiedene Fahrstühle zu benutzen, vor allem auch ungewöhnliche wie zum Beispiel einen Glasfahrstuhl. Steigen Sie in Ruhe ein und geben Sie Ihrem Hund während der Fahrt viele Leckerlis. Manche Welpen haben große Angst vor Fahrstühlen. In diesem Fall steigen Sie zu Anfang erst einmal mehrmals ein und wieder aus. Erst wenn Sie merken, dass Ihr Welpe entspannter ein- und aussteigt, fahren Sie ein Stück aufwärts.

Falls es in der Passage einen Supermarkt gibt, platzieren Sie sich dort, wo die Einkaufswagen stehen. Lassen Sie Ihren Welpen dort »Sitz« und »Platz« machen, während Einkaufswagen vorbeigeschoben werden. Denken Sie wieder daran, den Ausflug nicht zu lang zu machen, der kleine Welpe wird hinterher todmüde sein.

»Sitz« an verschiedenen Orten

4. Woche: Mittwoch

Theorie: Wie lernt ein Hund eigentlich?

Denken Sie immer daran: Ein Hund muss alles lernen, was er können soll. Wenn ich möchte, dass er auf Zuruf kommt, dann muss ich ihm das klarmachen. Komplizierter wird das Ganze dadurch, dass Hunde immer lernen, nicht nur, wenn wir gerade etwas mit ihnen üben. Dabei lernen sie leider auch Dinge, die sie nicht lernen sollen. Sie lernen aus Reaktionen, die wir ihnen gegenüber zeigen, ohne darüber nachzudenken, dass der Hund jetzt etwas lernt. Daraus resultieren die meisten Probleme!

Hunde lernen aus den Dingen, die passieren, wenn sie etwas Bestimmtes tun. Hat irgendeine Handlung für den Hund angenehme Folgen, wird er sie in Zukunft häufiger zeigen. Bekommt er fürs Hinsetzen ein Leckerchen, wird er sich öfter setzen. Findet er etwas Leckeres in einem bestimmten Gebüsch, wird er dort beim nächsten Mal erneut nachsehen.

Genauso kann durch negative Erfahrungen gelernt werden, was allerdings immer mit Risiken verbunden ist (siehe Theoriethema »Strafe«).

Das bedeutet für uns Hundehalter: Wir können das Verhalten unseres Hundes beeinflussen. Wir können auch beeinflussen, wie der Hund in Zukunft reagieren wird. Leider tun wir das oft unbewusst!

Ein Beispiel: Der Hund jault und bellt, wenn Sie in der Einkaufsstraße anhalten, weil Ihr Handy klingelt. Sie sagen »Lupo, aus, ist doch gut, sei still …« Der Hund lernt: »Prima, wenn ich jaule, dann wendet sich Frauchen mir zu und beachtet mich.« (Vergessen Sie nicht, der Hund kennt die Bedeutung der Worte nicht). Zuwendung (Anschauen, Anfassen, Ansprechen) ist für Hunde in solchen Momenten schon eine große Belohnung (siehe Anspringen). Sie haben Ihren Hund also für das Jaulen belohnt.

Darin liegt die häufigste Fehlerquelle für unerwünschte Verhaltensweisen des Hundes: Der Halter hat sie ihm selbst antrainiert, ohne es zu wissen!

Außerdem wichtig ist: Hunde lernen durch Verknüpfen. Wenn der Hund oft »Sitz« hört, wenn er sich hinsetzt, dann lernt er: »Sitz« bedeutet Po zum Boden. Wenn er nun an der Leine zieht und Sie sagen »Langsam« – was lernt er? Genau: »Langsam« heißt »Zieh«!

Der Hund kennt die Bedeutung unserer Worte nicht. Ein weiterer Grund, im Umgang mit dem Hund bewusst mit Kommandos umzugehen.

Machen Sie sich erneut klar: Der Hund lernt immer! Versuchen Sie, die Worte, die Sie an Ihren Hund richten, zu durchdenken. Denken Sie darüber nach, was passiert, wenn Sie auf ein unerwünschtes Verhalten Ihres Hundes reagieren. Sie loben ihn dafür! Besser ist es, das falsche Verhalten zu ignorieren. In dem obigen Beispiel wäre es sinnvoll, zu warten, bis der Hund still ist, um ihm dann ein Leckerchen zu geben. Die Zeit, die er jault, wird immer kürzer werden. Irgendwann wird er nicht mehr jaulen.

Es ist also sehr wichtig, zu wissen, wie ein Hund lernt und dass er immer lernt.

Früher dachte man, Hunde wären willenlose Opfer ihrer Triebe und würden nur nach diesen handeln. Zusätzlich wurden dann Tipps gegeben, wie man der Chef wird und dann kam der Rest angeblich von allein. Nun wissen Sie es besser: Fast alles, was der Hund tut, tut er, weil er irgendwann die Erfahrung gemacht hat, dass es ihm Vorteile bietet. Einen gut erzogenen Hund zu haben ist keine Glückssache, sondern harte Arbeit! Sowohl weil Sie viel üben müssen, als auch, weil Sie ständig nachdenken müssen, ob Sie selbst nicht vielleicht gerade dem Hund etwas beibringen, was Sie eigentlich nicht an ihm haben wollen.

Bedenken Sie auch, dass die so genannte Assoziationszeit nur etwa eine Sekunde beträgt. Das bedeutet: Der Hund kann nur dann zwei Ereignisse miteinander verknüpfen, wenn sie innerhalb der gleichen Sekunde passieren. Das müssen Sie beachten, wenn Sie ihn erziehen wollen. Ihre Reaktion (nämlich die Belohnung) muss sehr schnell erfolgen, sonst kann er nicht die gewünschte Verknüpfung herstellen. Dazu kommt, dass eine große Anzahl an Wiederholungen nötig ist. Einen Hund zu erziehen ist also keine Sache von einigen Wochen, sondern dauert ein Hundeleben lang.

Weiterhin ist wichtig zu wissen, dass der Hund immer kontextbezogen lernt, das bedeutet, alles was um ihn herum passiert, wird der Hund in den Lernprozess mit einbeziehen. Hunde sind nicht sehr gut darin, Erlerntes zu verallgemeinern. Setzt sich Ihr Hund zum Beispiel wunderschön hin, wenn Sie »Sitz« zu ihm sagen, bedeutet das noch lange nicht, dass das auf Befehl Ihres Sohnes auch klappt. Oder Sie üben drinnen im Wohnzimmer »Platz« – Ihr Hund kann draußen deswegen noch lange kein »Platz«, das ist eine völlig neue Situation für ihn, die ganz neu geübt werden muss.

Hunde sind Egoisten: Sie tun nur das, was ihnen selbst Vorteile bringt. Sie haben also eine kleine Waagschale im Gehirn, die in jeder Situation entscheidet, was sich wohl eher lohnt. Hunde sind keine Maschinen. Wenn Sie es einmal in einer Situation geschafft haben, dass er sich bei Ihrem Kommando für »lohnt sich« entschieden hat, heißt das noch lange nicht, dass dies immer so ist. Die Schwerpunkte müssen ein Leben lang aufrechterhalten werden, und es wird immer Situationen geben, die so noch nie da waren, in denen sich der Hund vielleicht deshalb gegen unser Kommando entscheidet. (Zum Beispiel das Kommando »Schau« auf dem Jahrmarkt, wo am Fußboden Würstchen und Pommesreste liegen – fragen Sie sich einfach dann einmal, wie oft Sie schon unter dieser Ablenkung geübt haben…) Für den Hund spielen also bisher dagewesene Erfahrungen eine große Rolle, was sein Verhalten angeht. Hat er eine Motivation, das zu tun, was Sie von ihm wollen? Weiterhin spielt Stress eine große Rolle, lesen Sie dazu später mehr.

Manchmal kann man sich solche Verknüpfungen zunutze machen, indem man dem Hund ein Verhalten auf Kommando beibringt, zum Beispiel das Graben von Löchern.

Graben am Strand auf Frauchens Anweisung macht Spaß

Wenn Sie ihm draußen das Graben nur gezielt auf Ihr Kommando »Buddel« (oder was auch immer) und nur an erlaubten Stellen – und zwar am besten immer an den gleichen – gestatten, können Sie die Wahrscheinlichkeit senken, dass er in Ihrem Garten gräbt.

4. Woche: Donnerstag

Praxis: Ausflug in den Zoo oder ein Wildgehege

Ihr Hund soll viele verschiedene andere Tiere kennen lernen und sich nicht vor ihnen fürchten. Vielleicht haben Sie das Glück und haben schon einige Tiere im Haushalt. Ansonsten finden sich wahrscheinlich welche auf Ihren Spaziergehwegen. Bei der Begegnung mit Tieren sollten Sie den Grundsatz der aktiv positiven Sozialisierung nicht vergessen: Das bedeutet füttern, füttern, füttern. Stellen Sie sich in einer Entfernung auf, in der der Hund sich entspannt zeigt und füttern ihn. Üben Sie parallel das »Schau« und belohnen ihn dafür. So schlagen Sie zwei Fliegen mit einer Klappe: Erstens lernt der Hund, keine Angst vor diesen Tieren zu haben und zweitens, Sie beim Anblick fremder Tiere anzuschauen. Das kann eine gute Vorbeugung gegen das spätere Jagen solcher Tiere sein!

Natürlich ist es am sinnvollsten, wenn Sie oft verschiedene Tiere besuchen. Gehen Sie mit Absicht Wege, an denen verschiedene Tiere weiden (Pferde, Kühe, Schafe, Ziegen). Wenn Sie die Möglichkeit haben, besuchen Sie den Zoo oder das Wildgehege in den nächsten Wochen mehrmals. Es muss ja nicht lange sein. Für den Welpen reicht ein kurzer Besuch von etwa zwanzig Minuten vollkommen aus! Besonders schön ist ein Streichelzoo, dort gibt es auch kleinere Tiere wie Meerschweinchen und Kaninchen.

Seien Sie vorsichtig: oftmals zeigen Welpen ein großes Interesse an diesen, welches man leicht als Freude deuten könnte. Sehr oft handelt es sich jedoch schon um erste Ansätze zum Jagen, achten Sie deshalb darauf, dass Ihr Welpe bei diesen Übungen angeleint ist. Wenn er sich sehr ruhig verhält, kann er die Tiere gern beschnuppern. Zeigt er sich in irgendeiner Form aufgeregt, gehen Sie weiter weg, üben Sie ein ruhiges »Schau« und belohnen ihn mit Futter dafür.

4. Woche: Freitag

Theorie: Muss ich meinen Hund jetzt sein Leben lang für alles mit Futter belohnen?

Nein, nicht für alles. Am Anfang belohnen wir die jungen Hunde immer. Wir wollen einen sehr festen Schwerpunkt setzen auf »Was mein Mensch sagt, lohnt sich«. Würde man zu früh mit dem Belohnen aufhören, würde der Hund das Verhalten wieder aufgeben (also ungehorsam werden). Ebenfalls darf man nicht plötzlich weniger belohnen. Das Geheimnis, das am Ende steht, heißt variable Bestärkung. Das bedeutet für den Hund eine Art Glücksspiel: Er hat die Chance auf ein Leckerchen. Wie man weiß, macht es regelrecht süchtig, Glücksspiele zu spielen. Wir werfen Geld in Colaautomaten und werden sauer, wenn daraufhin kein Getränk kommt. Wir werfen aber kein Geld in Mülleimer, weil das für uns keinen Vorteil bringt. Kein Mensch würde sich eines von beidem zum Hobby machen. Die Spielhallen aber sind voll von Menschen, denn es ist die Hoffnung auf den besonderen Kick, einmal einen größeren Gewinn abholen zu können, der die Menschen dort ihr Geld verspielen lässt. Mit diesem Trick wollen wir auch unsere Hunde ausbilden. Sie sollen sozusagen »süchtig« werden, zu gehorchen. Zuvor müssen wir dem Hund die Kommandos gut vermitteln. Dazu machen wir den beschriebenen Aufbau der Kommandos zu Anfang mit Immerbelohnung. Sobald das unter verschiedenen Ablenkungen sicher funktioniert, fangen wir mit wenig Ablenkung an, die Belohnung auszuschleichen. Dabei gibt es dann eine Zeit lang jedes zweite Mal für »Sitz« ein Leckerchen, später für jedes dritte oder vierte Mal. Irgendwann sind wir dann an einem Punkt, an dem variabel belohnt wird. Das bedeutet: Mal gibt es ein Leckerchen, dann erst beim zehnten Mal, dann nach fünf Mal und so weiter. So behält der Hund den Spaß am Gehorchen und Mitarbeiten, denn er könnte etwas Gutes dafür bekommen, ohne je zu wissen, wann das genau der Fall sein wird. Eine tolle Sache ist der so genannte Jackpot: Der Hund bekommt für besonders gute Ausführungen (zum Beispiel ein besonders schnelles »Komm«) ein besonders gutes oder besonders viele Leckerchen. Wenn man den Abbau der Belohnungen über einen langen Zeitraum (Wochen, und dabei für jedes Kommando einzeln, also für »Sitz« eventuell langsamer als für »Platz«) durchführt, bekommt man einen Hund, der freudig gehorcht. Ich bin jedoch der Meinung, dass man immer einige Leckerchen in der Tasche haben sollte. Hunde sind und bleiben Egoisten und merken schnell, wenn es sich nicht lohnen wird. Riskieren Sie das nicht. Jeder, der mit Ihrem Hund das Haus verlässt, sollte eine Belohnung in der Tasche haben.

4. Woche: Samstag

Praxis: Sitz und Platz ohne Futter in der Hand

Langsam soll der Anspruch an den Welpen gesteigert werden. Bisher hatten Sie in der Hand, die das Handzeichen für Sitz und Platz gibt, immer ein Leckerchen. Nun fangen Sie an, das Leckerchen in die andere Hand hinter den Rücken zu nehmen. Geben Sie mit der rechten Hand das Handzeichen. Reagiert der Hund, kommt sofort von hinter dem Rücken das Leckerchen hervor.

Denken Sie daran: Der Hund kann nur eine Sekunde lang verknüpfen, was gerade war. Das bedeutet, Sie müssen ihm das Leckerchen schnell geben und vor allem dann, wenn er noch das tut, was er sollte. Wenn er aufsteht, geben Sie ihm keine Belohnung. Wenn Sie »Sitz« üben, muss er sitzen, während er die Belohnung bekommt. Wenn Sie »Platz« üben, muss er liegen, während er die Belohnung bekommt.

Unter starker Ablenkung ist es sinnvoller, es dem Welpen leichter zu machen, indem man das Leckerli wieder in die kommandogebende Hand nimmt. Steigern Sie die Ansprüche langsam. Nach einigen Wochen soll Ihr Hund so weit sein, dass Sie erst, nachdem er das Kommando befolgt hat, die Belohnung aus der Tasche nehmen.

Achten Sie weiterhin darauf, dass Ihr Hund Sie aufmerksam anschaut. Kommandos kann der Welpe nur lernen, wenn er Sie ansieht.

Geben Sie das Kommando für »Platz« nicht mehr so weit unten, sondern halten die Hand langsam und schrittweise immer etwas höher. Das heißt, dass die flache Hand nicht mehr bis zum Boden geht, Sie wollen sich ja nicht immer bücken. Irgendwann soll der Hund sich hinlegen, wenn er die flache Hand sieht, wenn Sie aufrecht stehen.

4. Woche: Sonntag

Theorie: Aggression – ist mein Hund normal?

Aggression ist das am meisten gefürchtete Thema aller Menschen auf diesem Planeten. Ein aggressiver Hund ist der Alptraum aller Menschen, so scheint es. Dabei gehört Aggression in das normale Verhaltensrepertoire eines Hundes. Jeder Hund zeigt Aggressionen.

Das Problem ist, dass viele dieser Verhaltensweisen nicht in unser Gesellschaftsbild passen. Es ist wichtig, einige Dinge über Aggression zu wissen, um damit besser umgehen zu können.

Warum kann ein Hund überhaupt aggressiv reagieren? Das kann verschiedene Gründe haben, der häufigste ist Angst. Wenn Hunde Angst vor etwas haben, dann haben sie mehrere Möglichkeiten: Sie können

1. Wegrennen
2. »Verhandeln«
   (siehe Beschwichtigungssignale)
3. Erstarren
4. Angreifen (Aggression!)

Hier wird vielleicht auch klar, warum viele Hunde an der Leine aggressiver reagieren als sonst. Die ersten drei Möglichkeiten sind nicht oder nur eingeschränkt möglich, wenn der Hund angeleint ist. Für den Hund bleibt damit als Erfolg versprechende Lösung an der Leine der Angriff.

Ein aggressiv reagierender Hund verfolgt mit seinem Verhalten den Zweck, den Angst machenden Reiz wieder auf eine Distanz zu bringen, die ihm ungefährlich erscheint. Wenn ich vor etwas Angst habe und es entfernt sich, fühle ich mich wohler. Schafft der ängstliche Hund es durch aggressives Verhalten den anderen zur Flucht oder wenigstens zum Zurückweichen zu bewegen, dann hat sich die Aggression für ihn gelohnt. Ein großes Problem dabei ist, dass bei einer aggressiven Handlung im Körper viele Botenstoffe ausgeschüttet werden, die den Hund sozusagen »süchtig« machen. Deshalb ist es eine langwierige Sache, dem Hund das aggressive Handeln abzugewöhnen.

Viele Menschen denken, Aggression beim Hund bedeute automatisch »Beißen«. Das stimmt so nicht. Aggression hat viele kleine Abstufungen, beißen ist dabei nur die letzte »Instanz«, wenn zuvor alles Andere versagt hat! Viele Beißvorfälle können schon im Vorfeld verhindert werden, wenn die Vorzeichen erkannt werden.

Aggression beginnt mit dem optischen Drohfixieren. In der Hundewelt ist es sehr unfreundlich, jemand anderem in die Augen zu schauen. Der Hund starrt seinem ernannten »Gegner« sehr direkt in die Augen und baut sich auf.

Der nächste Schritt ist Knurren und Verbellen. Viele Hunde lassen diese Schritte weg, überspringen sie sozusagen. Der nächste Schritt ist das Schnappen. Dabei ist Schnappen nichts anderes als ein Beißen ohne Körperkontakt! Wenn der Hund dann mit Körperkontakt beißt, hängt es stark von der als Welpe erlernten Beißhemmung ab, wie stark die Verletzungen sind.

Unterschätzen Sie die ersten Schritte der Aggression nicht, weil der Hund nicht zubeißt! Ich höre sehr oft: Ach, er schnappt doch nur. Oder: Der hat noch nie gebissen, der knurrt nur! Nehmen Sie alle Voranzeichen ernst! Versuchen Sie herauszufinden, warum der Hund aggressiv reagiert.

Gründe außer Angst können sein: Frust, Schmerzen oder starker Stress. In den meisten Fällen handelt es sich jedoch um Angst. Das kann sein: Die Angst, etwas zu verlieren (Kauknochen, Futter, Spielzeug, Liegeplätze), die Angst, dass dem Hund etwas widerfährt (also Schmerzen, Lebensbedrohung aus seiner Sicht) und so weiter.

Je besser der Welpe sozialisiert wurde, desto weniger Situationen werden ihm aus seiner Sicht bedrohlich erscheinen. Das bedeutet, dass Sie mit einer guten Sozialisierung aggressivem Handeln vorbeugen können! Was Sie im Welpenalter verpassen, können Sie nicht wieder komplett gut machen. Oftmals zeigen sich die Probleme durch fehlende Sozialisierung erst Jahre später. Das Alter von ein bis zwei Jahren ist typisch für das Auftreten von Aggressionen aufgrund von Sozialisierungsfehlern.

Sollte Ihr Hund Aggressionen in Form von Knurren oder Bellen zeigen, verbieten Sie ihm das nicht! Der Hund kann sonst schnell verknüpfen, dass vorheriges Drohen unerwünscht ist – was dazu führen kann, dass er diese Stufe überspringt und das nächste Mal gleich beißt.

Sollte Ihr Hund aggressive Verhaltensweisen zeigen, die Sie beunruhigen, versuchen Sie diese zunächst zu vermeiden. Trainieren Sie mit dem Hund ein anderes Verhalten, welches er stattdessen zeigen soll. Versuchen Sie, die Ursachen auszuschalten.

Ein Anti-Aggressionsprogramm würde den Rahmen dieses Buches sprengen, ich verweise deshalb auf im Anhang empfohlene Literatur oder einen kompetenten, gewaltfrei arbeitenden Trainer.

5. Woche: Montag

Praxis: Ausflug zum Bahnhof

An diesem Tag soll der Welpe das Kommen und Gehen auf einem Bahnhof kennen lernen. Ist Ihr Welpe ein eher ängstlicher Typ, verschieben Sie diesen Besuch auf einen ruhigen Tag. Unerschrockeneren Welpen kann man auch die Menschenmengen für eine kurze Zeit zumuten.

Optimalerweise legen Sie Ihren Besuch so, dass Züge an- und abfahren, während Sie sich dort aufhalten (in Kleinstädten vorher auf den Fahrplan schauen). Stellen Sie sich mit Ihrem Welpen an den Bahnsteig und füttern ihn, wenn der Zug kommt. Sollte Ihr Welpe Angst zeigen, entfernen Sie sich vom Zug und füttern ihn ein paar Minuten, bevor Sie sich wieder nähern.

Optimal wäre es, wenn Sie mit Ihrem Welpen ein Stück fahren können, zum Beispiel zehn Minuten hin und wieder zurück. Nehmen Sie ihn dazu auf den Schoß und geben ihm in einigen Abständen ein Leckerli.

Stellen Sie sich mit Ihrem Welpen am Rande der Türen des eingefahrenen Zuges auf, üben Sie »Sitz« und »Schau«, wenn die Menschen ein- und aussteigen. Achten Sie darauf, niemandem im Weg zu stehen. Wie bei allen Ausflügen im Programm werden die Erfolge besser, je öfter Sie diesen Ausflug unternehmen.

5. Woche: Dienstag

Praxis: Ausflug zu einem Bauernhof

Frauchen anschauen, wenn ein Pferd in der Nähe ist

Der Welpe soll mehrere andere Tierarten kennen lernen. Hier sind es eher die in der Stadt lebenden Welpen, die diese nicht so oft zu Gesicht bekommen. Suchen Sie nach einem Bauernhof oder privaten Hof, eventuell Gnadenhof, den Sie besuchen dürfen. Dort soll der Welpe Kühe, Pferde, Schafe, Hühner und alle erdenklichen anderen Tierarten treffen. Je mehr Tierarten dort leben, desto besser. Lassen Sie den Welpen aus einiger Distanz (etwa zehn Meter) schauen. Es gibt verschiedene Möglichkeiten, wie Ihr Welpe reagieren kann. Er kann Angst zeigen, hektisch werden, die Bewegungen der Tiere verfolgen, extrem Witterung aufnehmen oder nur interessiert sein und langsam näher zu den Tieren wollen. Ich empfehle Ihnen, bei hekti-

Leckerlis essen, wenn er ein Pferd sieht

schem und ängstlichem Verhalten Ihres Hundes vorerst nicht näher an die Tiere heranzugehen, sondern in einiger Entfernung stehen zu bleiben und zu versuchen, »Schau« zu üben. Der Welpe bekommt dabei sehr viele Leckerlis, für jedes kleine »Schau« eines, ruhig im Abstand von etwa zwei Sekunden. Wird er ruhiger und konzentrierter, können Sie sich den Tieren langsam nähern. Achten Sie jedoch darauf, nicht zu nah heranzugehen. Ihr Welpe sollte noch ein ruhiges und konzentriertes »Schau« können und nicht erneut hektisches Verhalten zeigen.

Ist Ihr Welpe ruhig und neugierig, können Sie ihn langsam näher an die Tiere lassen. Wenn er möchte, kann er mit größeren Tieren Kontakt aufnehmen. Achten Sie darauf, dass der Zaun kein Elektrozaun ist. Ein elektrischer Schlag beim Anblick der Tiere kann dem Welpen für lange Zeit Angst vor diesen Tieren einjagen! Füttern Sie den Welpen nun beim Anblick der Tiere und üben Sie zusätzlich ein ruhiges »Schau« und »Sitz«.

Arbeiten Sie auf diese Art alle Tierarten ab, die es dort gibt. Hierbei ist die häufige Wiederholung während des Aufwachsens besonders wichtig. Wenn Ihr Welpe in regelmäßigen Abständen auf diese Art Bekanntschaft mit verschiedenen Tierarten macht, werden sie für ihn zu etwas Alltäglichem werden, das keinen Anlass für Aufregung darstellt.

5. Woche: Mittwoch

Praxis: Übungsaufbau »Aus«

Es gibt Hunde, die alles in den Fang nehmen, was sie finden. Es ihnen wieder abzunehmen, gestaltet sich manchmal schwierig. Auf keinen Fall darf man aber versuchen, einem Welpen etwas mit Gewalt abzunehmen. Aus seiner Sicht hat er einen tollen Schatz gefunden! Versucht man, ihm denselben mit Gewalt abzunehmen, wird er lernen, dass man wertvolle Dinge entweder weit weg von Frauchen bringen oder schnell hinunterschlucken muss. Das kann im ungünstigsten Fall lebensgefährlich sein.

Besser ist es, den Welpen früh an »Tauschgeschäfte« zu gewöhnen. Geben Sie Ihrem Welpen ein geliebtes Spielzeug oder einen tollen Kauknochen. Er darf diesen eine Weile behalten. Sorgen Sie dafür, dass Sie nun etwas Besseres bereithalten (zum Beispiel ein besseres Spielzeug, gute Wurst, Frikadelle). Bieten Sie ihm mit der einen Hand Ihren »Tauschgegenstand« an, während Sie mit der anderen Hand nach seinem Kauknochen/Spielzeug greifen. Der Welpe wird nun den Kauknochen kurz ausspucken. Sagen Sie in diesem Augenblick »Aus« und geben ihm Ihren Tauschgegenstand. Hat er die

Fleischwurst gefressen, bekommt er seinen Kauknochen wieder. Diese Übung sollten Sie möglichst oft in den Alltag mit einbauen.

Sollte Ihr Welpe draußen Unrat aufnehmen, versuchen Sie auch hier, ruhig und ohne große Worte an ihn heranzugehen. Halten Sie ihm Ihre Hand mit etwas besonders Leckerem hin. Sollte er misstrauisch sein, können Sie einige Brocken Fleischwurst in seine Nähe werfen, der Welpe wird dann seinen Fund sicherlich ausspucken und lieber zur Fleischwurst gehen. Sammeln Sie sein »Fundstück« ein und geben ihm erneut ein Leckerli. Lassen Sie das »Fundstück« liegen, kann es passieren, dass der Welpe es sofort wieder aufnimmt. Schaffen Sie es deshalb besser unauffällig beiseite. Bei Welpen, die bereits gelernt haben, dass es besser ist, gefundene »Schätze« vor Frauchen oder Herrchen in Sicherheit zu bringen, kann es nötig sein, den Welpen vorübergehend an eine lange Leine zu nehmen. Damit kann verhindert werden, dass der Welpe wegläuft. Wichtig ist es bei einem solchen Welpen, sehr häufig zu üben, damit er das nötige Vertrauen wieder gewinnt.

Sollte Ihr Hund Sie anknurren, wenn Sie versuchen, ihm etwas wegzunehmen, bestrafen Sie ihn auf keinen Fall dafür!

Er zeigt Ihnen mit dem Knurren, dass er Ihnen nicht genügend vertraut. Mit freundlichen Tauschgeschäften wird der Welpe schnell aufhören, Sie anzuknurren, wenn Sie sich ihm nähern und er ein tolles »Fundstück« im Maul hat.

5. Woche: Donnerstag

Praxis: Superspielzeug – wie mache ich mich spannend?

Vorab: Nicht jede Hunderasse spielt gern. Wenn man jedoch schon im Welpenalter anfängt, dem Hund das Spielen beizubringen, können die meisten Hunde lernen, Spielen zu lieben. Es soll für den Hund ein so genanntes Superspielzeug geben. Dazu kaufen Sie ein tolles Spielzeug, zum Beispiel eines, das Seile und Ecken hat, an denen der Hund zum Zerren anfassen kann. Legen Sie dieses Spielzeug in ein für den Hund nicht zu erreichendes Regal. Machen Sie das Spielzeug mehrmals täglich spannend, indem Sie es in die Hand nehmen, dabei begeistert sagen: »Ooh, was ist das Tolles«, es auf und ab werfen, geheimnisvolle, hohe und zischende Geräusche machen. Legen Sie es anschließend wieder in das Regal. Der Hund soll das Schauspiel beobachten können. Nach einer Woche wird der Hund neugierig auf dieses tolle Ding sein – beginnen Sie nun ein Spiel mit ihm.

Haben Sie keine Hemmungen, dabei ausgelassen und albern zu werden. Wenn es um freudiges Spielen geht, dürfen Sie sich für Ihren Hund gerne ein

bisschen zum Affen machen.

Lassen Sie das Spielzeug hüpfen, über den Boden kriechen, machen Sie zischende und quiekende Geräusche. Der Hund soll das Spielzeug nehmen, anbeißen und auch daran zerren.

Beenden Sie das Spiel dann mit der Tauschübung und packen Sie das Spielzeug wieder ins Regal.

Dieses Spielzeug sollen Sie nun auch mit auf Spaziergänge nehmen. Beginnen Sie unterwegs überraschend ein wildes Spiel. Der Welpe soll lernen, dass man mit Ihnen sehr viel Spaß haben kann und es sich lohnt, regelmäßig nach Ihnen zu schauen, weil Sie oftmals tolle Ideen haben.

5. Woche: Freitag

Theorie: Zahnwechsel

Mit etwa fünfzehn oder sechzehn Wochen beginnt der Welpe, seine Milchzähne zu verlieren. Außerdem wachsen Zähne, die bisher noch nicht da waren. Das ist wie bei Babys: Zähne bekommen ist schmerzhaft! Es herrscht ein Druckgefühl, das der Welpe nicht einordnen kann. Um dieses Druckgefühl zu beseitigen, wird er kauen – noch mehr als vorher und auf allem, was ihm begegnet. Passen Sie also auf, dass er in dieser Zeit wenig unkontrolliert ist.

Erschrecken Sie nicht, es ist normal, dass schon neue Zähne wachsen, bevor die alten ausgefallen sind. Erst wenn nach einigen Wochen der alte Zahn immer noch nicht ausgefallen ist, sollten Sie sich Sorgen machen und ihn eventuell vom Tierarzt ziehen lassen.

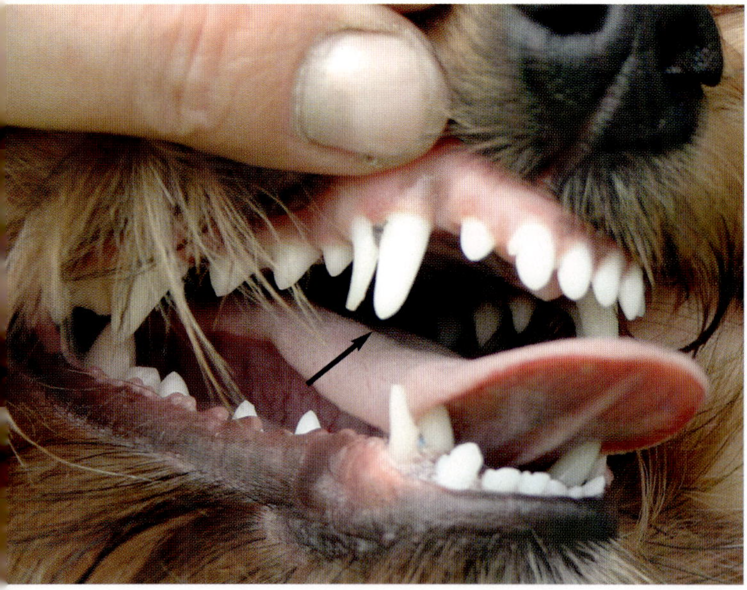

5. Woche: Samstag

Theorie: Sinnvolles zum Kauen – der Kong ®

Der Kong ® ist ein Spielzeug aus Naturkautschuk, das innen einen Hohlraum hat. Diesen kann man prima befüllen. Da der Kong ® spülmaschinenfest, einfrierfähig und mikrowellengeeignet ist, sind den Rezeptideen keine Grenzen gesetzt.

Ein doppelter Eckzahn kann vorübergehend auftreten

Erlaubt ist alles, was dem Hund schmeckt und ihm nicht schadet. Hier eine Liste von Dingen, die Sie als breiige Mischung, evtl. püriert, in den Kong ® füllen können: Bananen, Äpfel, Möhren, Weintrauben, Oliven, gefriergetrocknete Leber, Hühner-, Puten- oder Rindfleisch, Hühnerherzen-, -mägen oder -leber, Nüsse, Trockenfutter, Katzennassfutter, Hundenassfutter, Katzenleckerchen, gekochtes Ei, rohes Eigelb (wenig rohes Eiweiß), Rosinen, gekochte Nudeln, gekochte Kartoffeln, gekochter Reis, Joghurt und Quark (Magerstufe), Teewurst, Leberwurst, Schmelzkäse, Schmierkäse, Rinder- und Hühnerbrühe, Tomaten, getrocknete Bananenchips, Haferflocken, Müsli, Erdnussbutter, Kartoffelbrei, Bratensaft, Fruchtsaft, Vitamin- und Malzpasten (sehr begehrt), Milch, getrocknetes Brot, in Wasser eingeweichte Brötchen, Honig und vieles mehr.

Sehr spannend ist für den Hund eine schichtweise Befüllung, durch die er sich durchfressen muss. Eine einfache Befüllung besteht darin, das Welpenfutter in den Kong ® zu füllen, eine Scheibe Chesterkäse auf die Öffnung zu legen und das Ganze anschließend kopfüber in einer Tasse für etwa zwanzig Sekunden in der Mikrowelle zu erhitzen. Denken Sie daran, den Kong ® hinterher auskühlen zu lassen, schneller geht das im Gefrierschrank.

Sehr beliebt ist auch eine schon ältere Banane mit Quark und Nüssen verrührt in den Kong ® gefüllt und anschließend eingefroren. Dabei erreicht man einen »Beißring«-Effekt im Zahnwechsel, das Zahnfleisch wird gekühlt und Schmerzen werden gelindert.

Der Kong ® stellt eine gute Alternative zu Kauknochen dar: Er kann immer wieder verwendet werden, außerdem kennt man den Inhalt und belastet den

Hund somit nicht mit ungesunden Inhaltsstoffen.

Der Kong ® ist immer dann wunderbar geeignet, wenn der Welpe beschäftigt werden und zur Ruhe kommen soll. Beispielsweise wenn Besuch im Haus ist oder wenn Sie Ihren Frühjahrsputz machen und der Welpe um jeden Preis den Lappen klauen will. Füllen Sie seinen Kong ®, schicken ihn damit in seine Box – Sie haben je nach Befüllung lange Zeit Ihre Ruhe!

5. Woche: Sonntag

Praxis: Ausflug in ein Café oder Restaurant

Viele Hundehalter möchten ihren Hund gern mit ins Restaurant nehmen. Das geht natürlich nur, wenn er sich ruhig verhält und brav unter den Tisch legt. Am einfachsten ist es, wenn Sie nach einem Abenteuerspaziergang in einer Gaststätte einkehren, die Sie gut kennen. Setzen Sie sich in eine ruhige Ecke und ignorieren Sie den Welpen. Wahrscheinlich wird er bald einschlafen, weil er müde vom Spaziergang und dem Erlebten ist. Sollte Ihr Welpe nicht zur Ruhe kommen, können Sie zu einem kleinen Trick greifen:

Üben Sie zuvor zu Hause, dass Ihr Welpe sich ruhig auf ein Handtuch legt. Führen Sie ihn dazu mit dem Leckerli auf das Handtuch und ins »Platz«. Füttern Sie ihn zu Anfang dort so, dass er liegen bleiben muss. Steht er auf, bringen Sie ihn geduldig erneut ins »Platz«. Es wird einige Wochen dauern, aber Ihr Welpe lernt bei täglichem Üben schnell, dass man sich auf das Handtuch ruhig hinlegen muss. Nun kann man an verschiedenen Orten das Handtuch ausbreiten und wie zu Hause geübt den Welpen auf das Handtuch legen. Denken Sie daran: Am Anfang wird es in fremder Umgebung schlechter funktionieren als gewohnt. Nun können Sie das Handtuch (es ist übrigens egal, ob der Welpe ganz darauf liegen kann, es geht nur um ein Symbol, welches für den Hund für ruhiges Liegen stehen soll) zu verschiedenen Orten mitnehmen. Sie sollten Ihren Welpen regelmäßig mit in Cafés und Restaurants nehmen, um sicherzustellen, dass er sich später ruhig verhält.

6. Woche: Montag

Praxis: Ausflug ins Altenwohnzentrum

An diesem Tag soll der Welpe erneut intensiv mit älteren Menschen bekannt gemacht werden. Rufen Sie Wohnzentren Ihrer Umgebung an, um zu erfragen, in welchen ein Besuch mit Hund erlaubt ist. Die meisten alten Menschen sind über »tierischen« Besuch sehr erfreut. Hier kann der Welpe auch Menschen im Rollstuhl kennen lernen. Für viele Hunde ist die Begegnung mit Rollstuhlfahrern unheimlich!

Lassen Sie den Welpen jeden begrüßen, dabei ist es optimal, wenn der Welpe von den Personen gefüttert wird. Die oft etwas unsichere Gangweise älterer Menschen verunsichert viele Hunde, Ihr Welpe kann lernen, dass es Menschen mit einem anderen Gangbild gibt und diese nur Gutes für ihn bedeuten.

**ACHTUNG!
ALTER HUT!**

»Mein Hund soll von Fremden kein Futter bekommen!«

Dazu lautet meine erste Frage: Warum nicht? Natürlich soll der Hund nicht jeden anbetteln und ausrauben. Ich halte es jedoch in der Welpenzeit für extrem wichtig, den Welpen unterwegs von verschiedensten Personen füttern zu lassen. So lernt er, nur Gutes zu erwarten.

Ein Welpe, der nicht von vielen verschiedenen Menschen gefüttert wird, wird im Erwachsenenalter eher Ängste zeigen als ein Hund, der Menschen lieben gelernt hat. Wie Sie inzwischen wissen, kann Angst ein Grund für Aggression sein. Dadurch, dass Sie Ihren Welpen von verschiedenen Personen nach Absprache gezielt füttern lassen, minimieren Sie das Risiko für Probleme langfristig.

6. Woche: Dienstag

Theorie: Geräusche-CD

Vielleicht haben Sie in Ihrem Bekanntenkreis Hunde, die zu Silvester vom Tierarzt Beruhigungsmittel bekommen, weil sie solche Angst vor der Knallerei haben. Das ist für den Hund und die dazugehörige Familie jedes Jahr ein großer Stress!

Sie können im Welpenalter Übungen machen, die das Risiko vermindern, dass Ihr Hund später empfindlich auf Geräusche reagiert. Es gibt eine Geräusche-CD zu kaufen, auf der verschiedene Dinge wie zum Beispiel Schüsse, Gewitter, Sirenen und auch Feuerwerkskörper zu hören sind. Sie können sie im Internet beziehen oder Ihren Tierarzt danach fragen.

Spielen Sie diese CD immer dann ab, wenn der Welpe gerade beschäftigt ist. Zum Beispiel, wenn er frisst oder den Kong ® ausleert. Lassen Sie die CD am Anfang nur mit sehr geringer Lautstärke laufen und erhöhen Sie die Lautstärke alle drei Tage ein bisschen. Hierbei entsteht für den Hund auf der einen Seite ein positives Gefühl durch das Futter, während er sich durch die schrittweise Erhöhung der Lautstärke langsam an die Geräusche gewöhnen kann.

6. Woche: Mittwoch

Praxis: Bus oder Bahn fahren

Fahren Sie an diesem Tag mit Ihrem Welpen in einem Bus oder in der Straßenbahn. Selbst, wenn Sie auf dem Land wohnen, kann es Ihnen im Urlaub jederzeit passieren, dass Sie mit Ihrem Hund Bus fahren müssen. Hunde, die nicht daran gewöhnt sind, bekommen dabei teilweise regelrechte Panikattacken.

Tragen Sie den Welpen in den Bus und suchen Sie sich einen ruhigen Platz. Üben Sie mit dem Welpen »Platz«. Wenn Sie ihm beigebracht haben, sich auf ein Stück Handtuch zu legen (siehe Cafébesuch), kann dieses hier gut zum Einsatz kommen.

Füttern Sie den Welpen in regelmäßigen und kurzen Abständen, damit er möglichst lange liegen bleibt. Haben Sie einen sehr ängstlichen Welpen, empfehle ich Ihnen, ihn auf den Schoß zu nehmen.

Trainieren Sie auch »Schau«, wenn andere Fahrgäste vorbeigehen, um dem Hund beizubringen, dass es sich lohnt, diese zu ignorieren und stattdessen Sie anzuschauen.

Sinnvoll ist es, dem Hund beizubringen, zwischen Ihren Beinen zu sitzen. Falls Sie einmal in einem überfüllten Fahrstuhl oder einer überfüllten Bahn fahren müssen, passiert es schnell, dass andere Fahrgäste dem Hund auf den Schwanz treten oder sich ärgern, wenn er viel Platz wegnimmt. Das können Sie vermeiden, indem Sie den Welpen »Sitz« machen lassen und sich so über ihn stellen, dass er zwischen Ihren Beinen Platz findet. Versucht Ihr Welpe dabei die ersten Male auszuweichen, halten Sie ihm ein Leckerchen vor die Nase. So lernt er, dass diese Position nur Gutes für ihn bedeutet. Legen Sie seinen Schwanz so zur Seite, dass er zwischen Ihrem Bein und dem Hinterbein des Hundes »klemmt«, so kann niemand darauf treten!

6. Woche: Donnerstag

Praxis: Begegnungen mit Joggern

Jogger sehen ...

Sicher haben Sie das schon erlebt: Ein gut besuchter Park, in dem auch Jogger die freie Natur genießen. Plötzlich rennt ein Hund hinter einem Jogger her und beißt diesen ins Hosenbein. Vielleicht sind Sie selbst Jogger und ärgern sich über Hunde, die Sie bei Ihrem Frühsport belästigen.

Als Hundehalter haben Sie die Pflicht, Ihren Hund so auszubilden, dass er keine anderen Menschen belästigt. Deshalb steht heute ein Ausflug zu einem beliebten Joggergebiet auf dem Programm! Eine gute Möglichkeit bietet ein Sonntagmorgen in einem nahe gelegenen Park.

Lassen Sie den Welpen bei dieser Übung auf jeden Fall angeleint. Er soll gar nicht erst die Erfahrung machen, dass man Jogger »belästigen« kann. Wenn ein Jogger kommt, belohnen Sie den Welpen, wenn er ihn nicht beachtet. Sagen Sie deutlich und freundlich »Fein« und geben ihm ein Leckerchen.

Zeigt Ihr Welpe Interesse an dem Jogger oder möchte ihm sogar nachlaufen, soweit seine Leine reicht, ist Vorsicht geboten. Versuchen Sie in diesem Fall, bei allen Joggern, die kommen, Ihren Welpen vorher mit »Schau« auf sich zu konzentrieren. Lenken Sie ihn ab und belohnen ihn, wenn er Sie anschaut, statt sich für den Jogger zu interessieren.

Es ist das gleiche Prinzip wie bei den Spaziergängern und Radfahrern: Der Hund soll lernen, dass diese keine Gefahr bedeuten, aber er soll auch lernen, sie zu ignorieren.

... anschließend Herrchen anschauen und dafür belohnt werden

6. Woche: Freitag

Praxis: Inliner und Skateboard fahrende Kinder

Hier gilt das gleiche wie für Radfahrer und Jogger. Viele Hunde machen sich einen Spaß daraus, Kinder auf Inlinern oder Rollschuhen zu jagen. Auch das sollten Sie unbedingt von vornherein vermeiden.

Besuchen Sie an einem trockenen Nachmittag eine Skate-Anlage, wie es sie in fast allen Dörfern und Städten gibt.

Füttern Sie den Welpen beim Anblick der fahrenden Kinder, denn gerade Sprünge mit Skateboards machen laute Geräusche, die den Hund erschrecken können. Gehen Sie dann mit dem Welpen auf und ab und üben das »Schau«. Bitten Sie die Kinder nach einer Weile, Sie von hinten schnell zu überholen. Füttern Sie den Welpen dabei.

Wenn Ihr Welpe in die Leine springt und den Kindern nachlaufen will, müssen Sie unbedingt den Abstand vergrößern, bis der Welpe sich wieder auf Sie konzentrieren kann. Gerade bei ängstlichen und hektischen Welpen ist es nicht ratsam, die Kinder gleich sehr nah vorbeifahren zu lassen. Seien Sie mit der letztgenannten Übung also etwas vorsichtig.

Bei den Übungen zu Radfahrern, Joggern und Inliner fahrenden Menschen ist es wichtig, dass man sie häufiger wiederholt, wenn der Welpe älter wird. Je öfter er solche Menschen sieht, desto weniger werden sie ihn interessieren!

6. Woche: Samstag

**ACHTUNG!
ALTER HUT!**

»Hunde dürfen nie Zerrspiele spielen und schon gar nicht gewinnen!«

Vielleicht hat Sie bereits ein »erfahrener« Hundehalter gewarnt, dass Sie keine Zerrspiele mit Ihrem Hund spielen dürften, weil sonst der »Jagdtrieb« geweckt würde oder der Hund »dominant« würde. Sie wissen ja bereits, dass der Hund keine »Chefambitionen« hat (siehe Dominanz), zum Thema »Jagdtrieb« aber Folgendes:

Sollte Ihr Hund jagdliche Ambitionen zeigen, haben Sie einen großen Vorteil, wenn er gerne mit Ihnen spielt. Es ist sehr unwahrscheinlich, dass ein Hund das Jagen anfängt, weil er Zerrspiele gespielt hat. Machen Sie sich durch spannende Spiele interessanter. Spielen Sie mit vollem Körpereinsatz! Wichtig ist dabei: Sie bestimmen, wann solche Spiele gespielt werden. Außerdem sollten Sie geeignetes Spielzeug dazu auswählen, damit der Hund nicht im Alltag Zerrspiele um alle Gegenstände anfängt. Üben Sie während dieser Spiele oftmals das »Aus« durch tauschen. Stoppen Sie das Spiel, falls der Hund sich zu sehr erregt.

6. Woche: Sonntag

Theorie: Verbote und Grenzen, Umgang mit Frust

Das ganze Buch leitet Sie zu einem freundlichen und fairen, gewaltfreien Umgang mit Ihrem Hund an. Oftmals belächeln konservative Ausbilder diese freundliche Schiene und behaupten, der Hund kenne so keine Grenzen und mache, was er wolle.

Gerade bei dieser Art der Erziehung ist es jedoch wichtiger denn je, konsequent zu sein.

Ein Hund kann nicht unterscheiden, was richtig und was falsch ist. Er hat keine Vorstellungen von den Regeln in unserer Gesellschaft.

Wichtig ist, dass Sie sich deshalb von vornherein entscheiden, was Sie wollen und was nicht. Wenn Sie nicht wollen, dass Ihr Hund auf dem Küchentisch herumspaziert, dann belächeln Sie es nicht die ersten Male, weil der Hund noch so klein und niedlich ist.

Wenn der Hund nicht auf das Sofa soll, dann lassen Sie ihn nicht manchmal dort liegen, weil es so süß aussieht. Wenn er keine Menschen anspringen soll, dann kontrollieren Sie dies und loben ihn nie dafür.

Diese Liste lässt sich endlos fortsetzen. Es ist sinnvoll, sich zu Anfang in der Familie zu einigen und ein paar Dinge aufzuschreiben, die der Hund auf keinen Fall dürfen soll.

Diese Verbote sollten Sie von vornherein aufrecht erhalten. Das bedeutet vor allem, dass kein Familienmitglied das Verhalten belächelt oder freundlich mit dem Hund spricht: »Lupo, du darfst doch nicht den Teppich annagen«.

Wenn der Welpe also zum Beispiel auf dem Küchentisch steht, Sie in die Hosenbeine beißt oder sonstiges unerwünschtes Verhalten zeigt, führen Sie sofort ein »Time Out« ein. Nehmen Sie den Welpen, ohne etwas zu sagen und befördern Sie ihn für ein bis zwei Minuten in einen Raum, der wenig Spaß macht, zum Beispiel die Gästetoilette. Seien Sie dabei so kühl und neutral wie möglich. Wenn Sie den Welpen wieder aus dem Raum herauslassen, beachten Sie ihn nicht mehr als sonst.

Besonders wichtig ist es für den Welpen, von Beginn an zu lernen, dass man nicht alles bekommt, was man sich wünscht. Besonders wichtig ist dies im Zusammenhang mit Spiel. Leinen Sie den Welpen nicht ab, damit er schnell mit seinen Freunden spielen kann. Ihr Hund soll immer ruhig sitzen, bevor er abgeleint wird. Bringen Sie ihn also je nach Ablenkung mit dem Kommando »Sitz« und dem Handzeichen zum Sitzen. Bei sehr hoher Ablenkung müssen Sie ihm eventuell die ersten Male mit einem Leckerchen helfen.

Halten Sie sich jedoch konsequent daran, den Hund auf keinen Fall abzuleinen, solange er schreit und bellt.

Eine gute Übung für Geduld und Frustrationstoleranz ist es, ein besonders tolles Kauleckerchen hinter sich zu legen und dem Hund den Weg dazu zu versperren. Stellen Sie sich immer wieder zwischen den Hund und das Leckerchen, so dass er es nicht erreichen kann. Er soll dabei lernen, dass Sie ihm mit dem Körper Grenzen setzen. Wenn er sich ruhig verhält und sich zurücknimmt, nehmen Sie das Leckerchen und geben es ihm.

Bei einer guten Betreuung des Welpen wird es wenig Anlass geben, sich zu ärgern. Kontrollieren Sie den Welpen gut, die Hundebox bietet dabei eine wunderbare Hilfe. Mit seinem Kong ® beschäftigt kann der Welpe durchaus nach dem Spaziergang ein bis zwei Stunden in seiner Box schlafen, in dieser Zeit kann er keinen Unfug anstellen. Je mehr Sie den Alltag Ihres Welpen kontrollieren und gestalten, desto weniger unerwünschtes Verhalten kann er sich angewöhnen!

7. Woche: Montag

Praxis: Hundekontakte an der Leine?

Sicherlich treffen Sie häufig andere Hunde auf den Spaziergängen, auch wenn Ihr Welpe an der Leine ist. Hundebegegnungen an der Leine sollten Sie jedoch soweit es geht reduzieren. Natürlich soll Ihr Welpe Hundekontakte haben, möglichst vor allem mit gleichaltrigen Hunden. An der Leine kann der Hund jedoch nicht so kommunizieren, wie er es freilaufend könnte. Ein Hund kann an der Leine nicht alle sozialen Gesten zeigen, er kann nicht flüchten oder ein freies Spiel beginnen. Im ungünstigsten Fall bekommt er durch den Zug am Halsband weniger Luft, damit einhergehend Panik und verknüpft diese Panik mit dem Anblick anderer Hunde.

Viele Hunde reagieren deshalb an der Leine aggressiver, weil ihnen die anderen Wege nicht möglich sind. Es muss nicht zu Problemen führen, kann aber je nach Verlauf der Begegnung für Ihren Welpen auch schlechte Konsequenzen haben, Hundekontakte an der Leine zu haben. Vielleicht reagiert der andere Hund mit Aggression, diese Erfahrung wäre für Ihren Welpen nicht sehr förderlich. Im schlimmsten Fall entwickelt er selbst ein übersteigertes Aggressionsverhalten an der Leine.

Generell sollten Sie Ihren Hund angeleint nur Kontakt zu Hunden haben lassen, die er sehr gut kennt und bei denen Sie sicher sind, dass alles freundlich verläuft. Wenn Ihr Welpe in der Hundeschule Kontakt zu Gleichaltrigen hat, muss er nicht zwingend jeden Hund auf der Straße begrüßen. Lieber einige wenige, kontrollierte und positive Hundeerfahrungen als tausend unkontrollierte, von denen eine schief läuft. Eine solche schlimme Erfahrung kann Ihren Welpen eventuell in Zukunft eher aggressiv oder extrem ängstlich reagieren lassen.

Frei und ohne Leine ist kommunizieren einfacher

Angeleint ist nicht jeder Hund freundlich

Versuchen Sie auf Spaziergängen also einen Bogen zu machen und fragen Sie die anderen Hundebesitzer, ob die Hunde frei spielen dürfen. Auch im freien Spiel gilt: Lieber mit wenigen Hunden, die Ihr Welpe gut kennt als mit jedem, der eventuell nicht freundlich mit Welpen umgeht oder in einer Form, die für den Welpen schlechte Erfahrungen bietet.

7. Woche: Dienstag

Theorie: Calming Signals – Beschwichtigungssignale

Man weiß heute, dass Hunde Meister im Lösen von Konflikten sind. Wenn sie können, tun sie das friedlich und ohne Gewalt. Dazu benutzen sie oftmals die so genannten Beschwichtigungssignale oder auch »Calming Signals«. Diese Gesten sind bei allen Hunden dieser Erde, egal welchen Alters, zu beobachten. Eine Norwegerin namens Turid Rugaas hat in den achtziger Jahren damit angefangen, diese Signale aufzuzeichnen und aufzuschreiben. Ihr Buch ist inzwischen in sehr vielen Sprachen erhältlich und gehört zur absoluten Pflichtlektüre für jeden Hundehalter.

Hunde senden diese Signale nicht nur, wenn sich schon ein »Streit« angebahnt hat, also um Aggressionen zu beenden, sondern auch, um mögliche Konflikte von vornherein zu vermeiden und sofort friedliche Absichten zu signalisieren. Folgende Gesten sind häufige Beschwichtigungssignale:

- ✔ Sich über die Nase lecken
- ✔ Blinzeln
- ✔ Den Blick abwenden (Pupillenbewegungen)
- ✔ Den Kopf wegdrehen
- ✔ Die Ohren anlegen
- ✔ Eine Pfote heben
- ✔ Einen Bogen laufen
- ✔ Sich hinsetzen oder hinlegen
- ✔ Den Rücken oder die Seite zudrehen
- ✔ Gähnen
- ✔ Pinkeln (häufig und ohne Zusammenhang)
- ✔ Langsame Bewegungen
- ✔ Am Boden schnüffeln

Was traurigerweise dabei auffällt ist, dass viele dieser Gesten oftmals ganz anders – und falsch – interpretiert werden. Wenn ein Hund auf »Hier!« langsam und im Bogen zum Halter zurückkommt, wird er von so manchem Trainer als »dominant« dargestellt. Wenn er sich über die Nase leckt, halten viele das für ein Zeichen von Hunger oder sie glauben, Gähnen sei immer ein Zeichen von Müdigkeit. Wenn der Hund dem Menschen die Seite zudreht oder wegsieht, gilt er oft als »ignorant« oder »stur«. Dabei wollte er dem Menschen nur beschwichtigend zu verstehen geben, dass er dessen höhere Position akzeptiert.

Kira zeigt Pfote heben, blinzeln, über die Nase lecken und den Blick/Kopf abwenden. Ihr ist die Situation etwas zu viel.

Jeder Hundehalter sollte deshalb diese Signale kennen und verstehen, um seinem Hund nicht unrecht zu tun. Es macht richtig Spaß, die Hunde daraufhin einmal bewusst zu beobachten und zu schauen, wie vielfältig sie miteinander kommunizieren.Für Sie sind diese Signale außerdem wichtig, weil Sie an ihnen erkennen können, welche Situationen Ihren Hund vermehrt beunruhigen oder stressen. Hunde senden diese Signale auch im normalen Alltag regelmäßig. Sollten Sie aber beispielsweise feststellen, dass der Hund massiv gähnt, den Kopf wegdreht und sich sehr stark über die Nase leckt, wenn Kinder in der Nähe sind, können Sie ihn aus dieser Situation »befreien« und somit eine eventuelle Eskalation vermeiden: Der Hund könnte, falls alle Beschwichtigungssignale »fehlschlagen«, möglicherweise aggressiv reagieren. Sie können sehen, ob Sie ihn in der Ausbildung überfordern, ob Sie zu rau mit ihm umgehen und er eventuell Angst vor Ihnen hat. Dies kann er durch massives Beschwichtigen signalisieren. Fallen Ihnen diese Signale im Umgang mit Ihrem Hund auf, müssen Sie überdenken, was falsch läuft. Vielleicht sind Sie zu hart im Umgang mit Ihrem Hund oder er versteht Sie nicht und Sie verwirren und verunsichern ihn mit den Anforderungen, die Sie an ihn stellen.

Weiterhin können wir die Signale selbst anwenden, vor allem bei der Begrüßung von ängstlichen Hunden. In »Menschensprache« ist es freundlich und erwünscht, geradewegs auf eine Person zuzugehen, ihr in die Augen zu schauen und ihr die Hand hinzustrecken. Bei Hunden ist genau das Gegenteil der Fall: Hunde gehen bei der Annäherung an den anderen einen Bogen, wenden den Blick ab und schnüffeln eventuell am Boden, um Freundlichkeit zu signalisieren.

Die meisten Menschen begrüßen einen Hund ebenso wie einen befreundeten Menschen: Sie gehen gerade auf ihn zu, sehen ihn direkt an, beugen sich über ihn und strecken die Hand aus, um ihn zu berühren. Das bedeutet für den Hund »Unhöflichkeit«, sogar eine Bedrohung. Besser ist es, den Hund nicht anzusehen, sich etwas abzuwenden, einen Bogen auf ihn zuzulaufen und sich hinzuhocken, damit er Kontakt aufnehmen kann. Vor allem bei ängstlichen Hunden ist das sehr wichtig.

7. Woche: Mittwoch

Theorie: Stress – was bedeutet das für meinen Hund?

Stress ist eine Reaktion des Körpers, die dazu dient, den Körper kurzfristig leistungsfähiger und auch schmerzunempfindlicher zu machen. Dabei spielen Hormone und andere Botenstoffe eine Rolle, unter anderem Adrenalin und Cortisol. Der Körper kommt nach Stress normalerweise wieder zur Ruhe und die Botenstoffe werden abgebaut.

Gerät der Hund in Stress (das gilt auch für Menschen), schlägt das Herz schneller, die Muskeln werden stärker durchblutet und die Atmung wird schneller. Stress ist in gewissen Maßen gesund und lebensnotwendig. Allerdings hat das Grenzen! Beim Menschen ist schon lange bekannt, dass zu viel Stress krank macht: Herzerkrankungen, Magengeschwüre, Depressionen und viele weitere Erkrankungen können die Folge sein. Das ist beim Hund nicht anders.

Deshalb ist es wichtig, einige Symptome von Stress zu kennen und zu erkennen. Wichtige Stresssymptome sind:

- ✔ Nervosität, Hektik, Ruhelosigkeit
- ✔ Extreme Passivität
- ✔ Überreaktionen
- ✔ Häufige Beschwichtigungssignale
- ✔ Kot/Urin absetzen (häufig, ungewöhnliche Situationen)
- ✔ Aufreiten, »rammeln« (oft falsch gedeutet!)
- ✔ Übersteigerte oder untersteigerte Sexualität
- ✔ Übertriebene Körperpflege bis hin zum Pfoten aufbeißen
- ✔ Magen-Darm-Probleme, Allergien, Fresssucht, Appetitlosigkeit
- ✔ Haare aufstellen, Tasthaare »vibrieren«
- ✔ Schuppen, Haarausfall, schlechtes Fell
- ✔ Hecheln, Zittern, schwitzende Pfoten
- ✔ Weit aufgerissene Augen, flackernder Blick, angespannte Gesichtsmuskulatur (so genanntes Stressgesicht)

- ✔ In die Leine beißen
- ✔ Stereotypien (z.B. eigenen Schwanz jagen, Lichtreflexe jagen)
- ✔ Sämtliche »Übersprunghandlungen«, z.B. Schütteln oder Kratzen

Stress ist für Hunde genau wie für Menschen eine individuelle Sache, das bedeutet, dass die Grenze, ab welcher Stress belastend wird, bei jedem Lebewesen anders liegt. Mit einer guten Sozialisierung können Sie den Hund stressunempfindlicher machen. Dinge, die er gut kennt und gewohnt ist, werden ihn nicht so sehr aufregen wie fremde Dinge. Stress kann durch viele Faktoren entstehen, die wichtigsten und häufigsten sind:

1. **Zu wenig Ruhe für den Hund**
   Oftmals sind Hunde, die in sehr lauten und hektischen Haushalten aufwachsen, wesentlich gestresster als Hunde aus ruhigen Haushalten. Das gilt besonders, wenn nicht darauf geachtet wird, dass die Kinder des Haushaltes dem Hund regelmäßig seine Ruhe lassen.
   Auch ein erwachsener Hund soll sehr viel schlafen, dösen und ruhen können. Er sollte auf keinen Fall den ganzen Tag mit Kindern im Garten Rennspiele spielen. Reduzieren Sie diese auf zweimal eine Viertelstunde am Tag.
2. **Viele Renn- und Ballspiele**
   Hunde, die am Tag mehrere Stunden Laufspiele mit anderen Hunden spielen oder denen der Hundehalter stundenlang Bälle zuwirft, zeigen sich oft stark gestresst. Beim Spielen mit dem Ball und extremen Rennspielen wird viel Adrenalin ausgeschüttet, der Hund kommt anschließend durch zu wenig Ruhe nicht dazu, diesen »Pegel« wieder herunterzuregeln.
3. **Zu viel Aktivität**
   Manche Besitzer machen mindestens vier Stunden am Tag ein volles Programm für den Hund, zum Teil täglich Hundesport, Radtouren oder Spiel mit anderen Hunden. Dabei täte es manchen Hunden gut, nach einem anstrengenden Tag (langer Ausflug, Hundeveranstaltungen) einen Tag nur faul zu dösen und einen kleinen und ruhigen Spaziergang zu machen.
4. **Aversive Ausbildungsmethoden**
   Ein Besitzer, der für den Hund unberechenbar und gewaltsam erscheint, bedeutet großen Stress. Es ist wichtig für einen Hund, dass der Besitzer freundlich, aber konsequent mit ihm umgeht und nicht unberechenbar in der Erziehung vorgeht.

Diese Liste lässt sich lange fortsetzen. Auch der Besuch des Weihnachtsmarktes oder der Innenstadt im Rahmen Ihres Einkaufs ist sehr starker Stress für einen Hund, Sie tun ihm mit einem solchen Ausflug keinen Gefallen. Ein Hund gehört nicht auf einen Einkaufsbummel!

Sie sollten zwar im Rahmen der Sozialisierung Ausflüge machen, damit der Hund auch Trubel kennen lernt, zum eigentlichen »Shopping«, wenn Sie stundenlang nach neuen Schuhen und Hosen suchen, sollten Sie den Hund jedoch lieber zu Hause lassen.

Oftmals erkennen unerfahrene Ausbilder einen gestressten und hektischen Hund nicht als solchen sondern glauben im Gegenteil, der Hund sei nicht ausgelastet – und empfehlen noch mehr Aktivität.

Man kann und soll seinen Hund nicht abschirmen und in Watte packen, man sollte sich jedoch bemühen, extreme Stressoren zu vermeiden.

Einige aktive Rassen (Hütehunde, aber auch viele Jagdhunde) sind schon im Welpenalter sehr überaktiv. Viele Besitzer beschäftigen sich dann extrem viel mit dem Hund, um »ihn auszulasten«. Das ist genau der falsche Weg! Ein Welpe sollte von klein auf lernen, viel zu schlafen und Ruhephasen einzuhalten. Dazu eignet sich wieder hervorragend seine Box. Geben Sie dem Welpen ein tolles Kauspielzeug wie seinen Kong ® und »sperren« Sie ihn in seine Box. Er wird lernen, besser zur Ruhe zu kommen und abzuschalten.

Stress führt in vielen Fällen zu einem überdrehten, hektischen und unberechenbaren Hund. Ein solcher Hund reagiert eher aggressiv, er wird eventuell sogar körperlich krank. Wichtig ist außerdem zu wissen, dass ein gestresster Hund kein Kommando befolgen kann. Das hat nichts mit Ungehorsam zu tun, sondern es ist körperlich gar nicht anders möglich. Sein Denkvermögen ist dann sozusagen blockiert. Erkennen Sie deshalb die Symptome und verlangen Sie in stressigen Situationen nicht zu viel von Ihrem Hund.

7. Woche: Donnerstag

Praxis: Übung: »Auf deinen Platz!« oder »Ins Körbchen!“

Sicher waren Sie schon mal in einem Haushalt zu Besuch, in dem die Hunde die Besucher nicht in Ruhe lassen, ständig herumrennen und gestreichelt werden möchten. Hundefreundliche Besucher finden das sicher schön, andere aber fühlen sich von einem solch aufdringlichen Verhalten gestört. Für diese Situation ist es praktisch, wenn der Hund ein Kommando kennt, das für ihn bedeutet: »Geh auf deinen Platz und leg dich dort hin.«

Auch wenn Sie Hausarbeit machen und Ihr Hund Ihnen auf Schritt und Tritt folgt, ist ein solches Kommando nützlich.

Natürlich versteht der Welpe das nicht von Anfang an. Sie müssen es ihm, genauso wie alles andere, beibringen. Am einfachsten übt sich das folgende Programm, wenn der Welpe müde ist.

Stellen Sie sich zu Anfang ungefähr zwei Meter von seinem Platz/Körbchen entfernt hin. Locken Sie ihn mit einem Leckerchen auf seinen Platz und bewegen ihn mit Hilfe der bekannten Übung dazu, sich dort hinzulegen. Nach ein paar Wiederholungen sagen Sie bevor Sie ihn dort hinlocken ein Kommando, zum Beispiel »Geh ins Körbchen«.

Nach einigen Tagen versuchen Sie, ihn ohne Leckerchen in der Hand mit dem Kommando und einer Handbewegung auf seinen Platz zu schicken. Geht er dorthin, bekommt er dort ein Stück Rinderkopfhaut oder seinen Kong ®.

Fangen Sie etwa eine Woche später an, ihn, wenn er sehr müde ist, auf seinen Platz zu schicken und ihm zu sagen, er solle sich hinlegen. Setzen Sie sich ruhig daneben. Normalerweise kommt er zur Ruhe. Steht er auf, schikken Sie ihn ruhig und freundlich wieder dorthin. Steigern Sie den Anspruch nach und nach, indem Sie ihn zwischenzeitlich auf seinen Platz schicken, wenn er nicht sehr müde ist und später auch, wenn Besuch im Haus ist. Geben Sie ihm bei größerer Ablenkung zu Anfang noch etwas zu kauen.

Es wird einige Wochen dauern, bis er gelernt hat, länger und ruhig auf seinem Platz liegen zu bleiben.

7. Woche: Freitag

Praxis: Übung »Steh«

Vielleicht haben Sie einen Rassehund und möchten ihn einmal auf einer Ausstellung zeigen. Vielleicht möchten Sie das »Steh« üben, um den Hund anhalten zu können, zum Beispiel an der Ampel. Es ist auf jeden Fall ein nützliches Kommando! Später können Sie auch für den Hund eine spannende Aufgabe daraus machen, »Sitz«, »Platz« und »Steh« zu unterscheiden und im beliebigen Wechsel auszuführen, wenn er vor Ihnen steht.

»Steh« auf einer Ausstellung

Bringen Sie Ihren Welpen erst dazu, sich hinzusetzen. Nehmen Sie nun ein Leckerchen in die rechte Hand und führen Sie die Hand von seiner Nase ein kleines Stück vorwärts. Die Bewegung muss minimal und langsam sein, der Hund soll nicht vorwärts laufen, sondern nur aufstehen. Gerade so, dass sein Hinterteil sich hebt. Sobald der Welpe steht, halten Sie die Hand still und geben ihm das Leckerchen.

Wenn Sie nach etlichen Wiederholungen erkennen, dass der Welpe entschlossen auf die Handbewegung aufsteht, beginnen Sie, ein Kommando einzuführen. Sagen Sie »Steh«, bevor Sie das Handzeichen geben. Dann kommt das Handzeichen, und wenn der Welpe aufsteht, bekommt er sein Leckerli.

Beginnen Sie nach einer Weile, in die Signal gebende Hand kein Leckerli mehr zu nehmen und es stattdessen in der anderen Hand hinter dem Rücken zu verstecken. Steht der Welpe auf das Kommando und das Handzeichen auf, kommt die Belohnung schnell aus der anderen Hand.

7. Woche: Samstag

Praxis: Leckerchen-Suchspiele und einfache Nasenspiele

Um die Spaziergänge spannend zu gestalten und sich für Ihren Hund interessanter zu machen, können Sie mit ihm kleine Suchspiele machen.

Sprechen Sie Ihren Welpen an und werfen Sie ein Leckerchen für ihn sichtbar ins Gras. Sagen Sie »Such es«. Nehmen Sie am Anfang etwas besonders Leckeres, damit der Hund sich dafür genügend interessiert. Steigern Sie den Schwierigkeitsgrad in den folgenden Tagen. Werfen Sie das Leckerli weiter weg, in höheres Gras, in Laub, im Wald etwas abseits des Weges. Viele Hunde finden diese Spiele viel spannender, als das Futter aus der Hand zu nehmen. Sprechen Sie Ihren Hund immer öfter mit Namen und mit »Schau« an und lassen ihn als Belohnung sein Futter suchen. Sie werden merken, dass Ihr Hund Sie in der Hoffnung auf dieses lustige Spiel stärker im Auge behält.

Eine weitere einfache Idee ist das Legen einer Spur. Hunde haben eine sehr gute Nase und großen Spaß daran, sie einzusetzen. Vor allem für etwas nervöse und hektische Hunde ist Nasenarbeit eine wunderbare Beschäftigung, um sie mit ruhiger und konzentrierter Arbeit auszulasten und müde werden zu lassen.

Nehmen Sie einen Gefrierbeutel und legen einige Fleischwurststücke hinein. Machen Sie in den Beutel unten ein paar Löcher. Gehen Sie nun auf eine Wiese und legen eine Spur für Ihren Hund. Der Hund sollte dazu einen Augenblick an der Seite angebunden werden, so dass er Ihnen zusehen kann. Zeigen Sie ihm, wie Sie mit dem Gefrierbeutel weggehen. Stecken Sie einen auffälligen Stock an den Beginn Ihrer Fährte, damit Sie ihn wiederfinden. Gut eignen sich auch kleine Kinderfähnchen, wie es sie zum Beispiel in Fast Food Restaurants gibt. Trampeln Sie eine kleine Stelle Gras platt und schleifen Sie den Gefrierbeutel dort hin und her. Gehen Sie nun mit normalen, aber festen Schritten langsam los und schleifen die ersten Meter den Gefrierbeutel hinter sich über den Boden. Dann nehmen Sie ihn hoch und laufen einige Meter weiter geradeaus. Machen Sie eine leichte Kurve nach rechts oder links und gehen Sie weiter geradeaus. So haben Sie einen Winkel gelegt. Zwischendurch können Sie den Gefrierbeutel wieder schleifen lassen, das ist aber nicht unbedingt notwendig. Machen Sie die Spur am Anfang ungefähr insgesamt fünfzig Schritte lang. Legen Sie nun den Gefrierbeutel am Ende Ihrer Spur offen hin, so dass der Hund ihn leer fressen kann, wenn er dort ankommt. Gehen Sie dann von der Spur weg und in einem großen Bogen zurück zu Ihrem Ausgangspunkt, allerdings ohne dabei die Spur zu kreuzen!

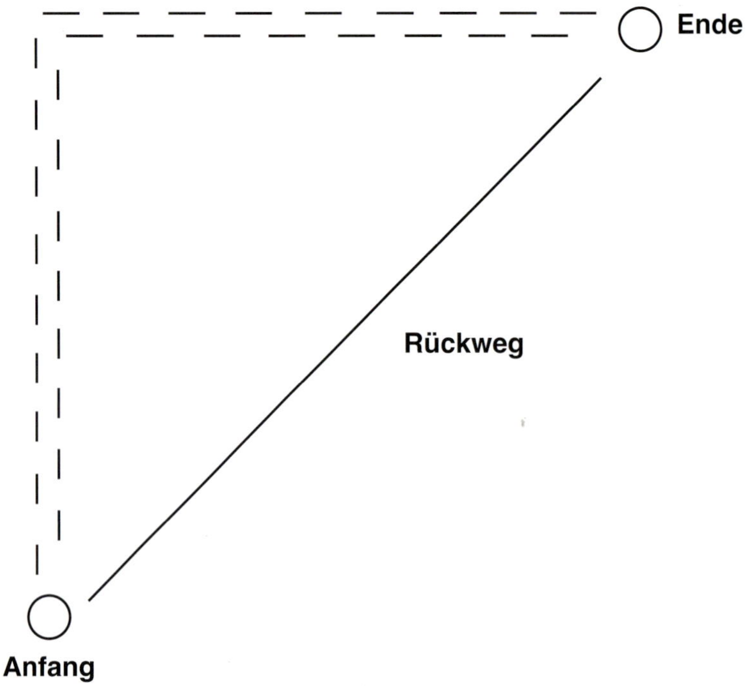

Holen Sie jetzt Ihren Hund ab und nehmen ihn an eine drei bis fünf Meter lange Leine, die Sie an seinem Brustgeschirr befestigen.

Gehen Sie mit ihm zum Anfang der Spur und zeigen ihm dort den Boden. Normalerweise nimmt der Hund den Geruch auf und folgt der Spur. Dabei wird er nicht unbedingt genau mit der Nase Ihren Schritten entlang suchen, denn der Wind kann den Geruch verwehen und der Hund verfolgt den Geruch. Hindern Sie ihn nicht daran, seine Nase ist besser als Ihre! Stören Sie ihn nicht beim Suchen, vertrauen Sie ihm und lassen ihn ausprobieren. Hindern Sie ihn nur, wenn er auf kürzestem Weg zum Gefrierbeutel rennen will. Folgen Sie Ihrem Hund auf der Spur und freuen Sie sich mit ihm, wenn er den Gefrierbeutel findet.

Sie können später die Schwierigkeit steigern, indem Sie mehr Winkel legen und Wechsel von Wald zu Wiese und ähnliches einbauen. Später sollten Sie den Hund nicht mehr zusehen lassen, wie Sie die Spur legen, um zu vermeiden, dass er ohne großes Suchen einfach zum Ende der Spur läuft.

Wenn Sie großen Spaß daran haben, finden Sie im Anhang Buchempfehlungen dazu.

7. Woche: Sonntag

Theorie und Praxis zum Clickertraining

Das Clickertraining ist in letzter Zeit viel in den Hundezeitschriften und im Internet diskutiert worden. Sicher haben Sie schon davon gehört. Man trainiert dabei mit einem Knackfrosch, also einem kleinen Kasten, der ein klickendes Geräusch macht. Allerdings geht es beim Clickertraining um mehr als darum, einen Knackfrosch zu benutzen. Es geht um eine Einstellung zum Hund und lerntheoretisch korrektes Arbeiten. Die Idee ist, dass der Hund für falsches Verhalten ignoriert und für richtiges Verhalten belohnt wird.

Der Hund lernt durch so genannte klassische Konditionierung, einen Zusammenhang zwischen dem Click und der Belohnung herzustellen. Klassische Konditionierung bedeutet, dass durch schnelles Aufeinanderfolgen von einer eigentlich bedeutungslosen Sache (in diesem Fall dem Clickgeräusch) und einer für den Hund sehr wichtigen Sache (in diesem Fall ein Leckerchen, also Futter) das Clickgeräusch den Hund in die »freudige Stimmung« versetzt. Es wird zur festen Ankündigung für etwas Gutes. Sie konditionieren Ihren Hund, indem Sie klicken und ihm binnen einer Sekunde das Leckerli geben. Das wiederholen Sie etwa dreißigmal. Der große Vorteil der klassischen Konditionierung ist, dass der Hund diesen Zusammenhang enorm schnell versteht und dass er nicht generalisiert werden, also an verschiedenen Orten immer wieder geübt werden muss. Beim Üben der Kommandos dagegen findet ein anderer Lernprozess statt, weshalb es leider mehrere Tausend Wiederholungen braucht, bis der Hund versteht. Ohne das Konditionieren ist der Click vollkommen ohne Bedeutung, der Clicker ist kein Wundergerät! Sie können ebenso gut jedes andere Geräusch nehmen, zum Beispiel eine kleine Glocke.

Haben Sie den Hund konditioniert, können Sie den Clicker wunderbar benutzen, um dem Hund präzise klar zu machen, wann er etwas richtig gemacht hat. Wichtig ist dabei, dass Sie immer nach dem Click eine Belohnung geben müssen. Das kann neben Leckerchen auch ein geworfener Ball sein oder die Erlaubnis, spielen zu gehen. Am einfachsten und schnellsten belohnt ist der Hund allerdings mit Leckerchen, deshalb werde ich es weiter mit Leckerchen beschreiben. Sie können aber genauso gut jede andere Belohnung einsetzen.

Das heißt für Sie: Nach jedem Click bekommt der Hund ein Leckerchen! Nun werden Sie vielleicht fragen, wozu Sie dann überhaupt diesen umständlichen Clicker brauchen.

Am Anfang ist die Handhabung des Clickers etwas gewöhnungsbedürftig. Sein großer Vorteil liegt aber darin, dass Sie viel genauer und präziser damit sind. Vorher mussten Sie darauf achten, dass Sie Ihrem Hund binnen einer Sekunde das Leckerchen geben. Nun ist es nur wichtig, dass Sie binnen einer Sekunde clicken. Stellen Sie es sich vor, als ob Sie in der Situation, in der es clickt, ein Foto machen: Sie halten den Moment fest. Danach können Sie in die Tasche greifen und das Leckerchen herausholen. Nach der Konditionierung darf das auch länger dauern als eine Sekunde. Je erfahrener Ihr Hund ist, desto mehr Zeit kann zwischen dem Click und der Belohnung verstreichen. Allerdings hat diese Zeitspanne auch eine Grenze, die ich persönlich bei etwa zwanzig Sekunden sehe. Bemühen Sie sich also im Training weiterhin, das Leckerchen zügig nach dem Click zu geben. Ein weiterer Vorteil des Clickertrainings liegt darin, dass Sie das Futter beim Üben nicht in der Hand halten müssen. So lernt Ihr Hund viel schneller und besser, auch auf Sie zu achten und mit Spaß die Kommandos zu befolgen, wenn Sie kein Futter in der Hand halten. Sie können ihn trotzdem belohnen, da Sie den Clicker in der Hand haben. Konzentrieren Sie sich nur auf das richtige Setzen des Clicks, danach haben Sie alle Zeit der Welt, dem Hund sein Leckerchen zu geben. Nach einigen Übungseinheiten werden Sie bemerken, dass Sie Ihrem Hund viel schneller und einfacher klarmachen können, was Sie von ihm wollen.

Beim Clickertraining nutzt man vor allem das so genannte »Shaping«, das bedeutet das Formen von Verhalten. Dabei clickt man für Dinge, die der Hund von sich aus tut, also ohne dass man ein Kommando gegeben hat. Das klingt schwierig, beruht aber auf dem gleichen Prinzip wie das Kinderspiel »Topfschlagen« oder »Heiß und kalt«: Sie geben Ihrem Hund mit Hilfe des Clickers Hinweise, dass er auf dem Weg ist, das Richtige zu tun. Dabei zerlegt man, genau wie beim Topfschlagen, das Endziel (Schlagen auf den Topf) in viele kleine Schritte (Abbiegen in jeweils richtige Richtung).

Sie geben also beim Shaping kein Kommando, sondern warten, bis der Hund von sich aus etwas richtig macht. Wenn er sich zum Beispiel von sich aus zu Ihnen umschaut, können Sie das »anclicken« und ihm sein Leckerchen geben (oder zuwerfen). Wie Sie ja bereits wissen, zeigt ein Hund ein Verhalten, das sich lohnt, in Zukunft häufiger. In diesem Fall können Sie dafür sorgen, dass Ihr Hund sich öfter nach Ihnen umschaut.

Zusätzlich noch die Antwort auf eine häufige Frage: Viele Hundehalter befürchten, ihr Hund könne irritiert sein, wenn in der Hundeschule mehrere Hund-Halter Teams clickern. Die Hunde haben allerdings nach kurzer Eingewöhnung kein Problem damit, zu unterscheiden, welcher Click von ihrem Menschen kam und somit ihnen gilt.

Wenn Sie einmal mit dem Clicker gearbeitet haben, müssen Sie auf keinen Fall immer damit arbeiten. Sie können weiterhin einfach dem Hund sein Leckerchen geben, wenn Sie den Clicker einmal vergessen haben oder ihn nicht mehr benutzen wollen. Es ist auf keinen Fall Pflicht – »einmal = immer«! Der Clicker ist ein Hilfsmittel, um dem Hund klarer zu zeigen, welche Verhaltensweisen Sie von ihm wünschen. Keine Wunderwaffe und kein Allheilmittel. Sie müssen trotzdem genauso viel üben!

8. Woche: Montag

Praxis: Übung »Bleib«

Es ist nützlich, wenn Ihr Hund ein Kommando kennt, das ihm sagt: »Bleib so wie du bist, bis ich dir etwas anderes sage.« Zum Beispiel, wenn Sie Ihren Hund vor einem Bäckerladen absetzen müssen und es dort keinen Haken zum Anbinden gibt. Dann ist es praktisch, wenn er gelernt hat, dort sitzen zu bleiben, bis Sie wiederkommen. Ich persönlich finde, dass dieses »Bleib« vor Geschäften allerdings eine Grenze hat. Ich halte es nicht für realistisch, sich als Ziel zu stecken, dass der Hund unangeleint zwei Stunden vor dem Einkaufsmarkt liegen bleibt, während ich den Wocheneinkauf erledige. Fünf Minuten vor dem Bäcker oder der Drogerie finde ich jedoch erstrebenswert. Der Hund weiß nicht, was »Bleib« bedeutet. Sie können nicht »Bleib« sagen und verlangen, dass er sich danach nicht fortbewegt. Wie bei allen anderen Kommandos muss der Hund in kleinen Schritten über eine lange Zeit lernen, was von ihm verlangt wird.

Sie können »Sitz und Bleib« oder »Platz und Bleib« üben. Ich erkläre in diesem Beispiel das »Sitz und Bleib«, für »Platz« gilt dasselbe Übungsschema. Stellen Sie sich vor Ihren Welpen und bringen ihn in die Sitzposition. Sagen Sie nun »Bleib« und geben Sie eventuell ein Handzeichen – ich benutze die flach ausgestreckte Hand mit der Handinnenfläche zum Hund, die Handfläche zum Himmel zeigend.

Bleiben Sie vor dem Hund stehen. Zählen Sie im Kopf etwa drei Sekunden und clicken Sie den Hund dann an (oder geben Sie ihm ohne Click ein Leckerchen). Wichtig ist, dass der Hund im Augenblick des Clicks oder wenn Sie ihm das Leckerli geben noch sitzt, denn sonst belohnen Sie ihn für das Aufstehen. Diese Übung ist leichter mit Clicker zu üben. Wenn der Hund nach dem Click aufsteht, ist das nicht schlimm, denn der Click bedeutet: Richtig gemacht, Übung beendet, du bekommst jetzt ein Leckerchen.

Der Lerneffekt dieser Übung für den Hund ist, die Position länger zu halten und auf den Click zu warten.

Der nächste Schritt ist, dass Sie nach dem Kommando einen Schritt weggehen. Geben Sie das Kommando dazu nur einmal, nicht wie eine gesprungene Schallplatte beim Weggehen »Bleib, bleib, bleib, …«. Bewegen Sie sich langsam und halten Sie das Leckerli nicht in der Hand, sondern nur Ihren Clicker. Für den Hund ist es sehr verwirrend, wenn Sie mit seinem Futter weggehen und er nicht folgen darf. Gehen Sie den Schritt dann wieder auf Ihren Hund zu und clicken ihn an, wenn er noch sitzt. Geben Sie ihm dann seine Belohnung. Bleiben Sie einige Wiederholungen lang auf diesem Niveau. Nach und nach erhöhen Sie den Schwierigkeitsgrad, indem Sie die Distanz jedes Mal einen Schritt vergrößern. Eine wichtige Faustregel ist: Der Hund soll bei der Übung »Bleib« immer Erfolg haben!

Das bedeutet für Sie: Machen Sie die Übungsschritte so klein, dass er nicht aufsteht. Wenn er aufsteht, war es zu schwierig. Gehen Sie nach einem solchen Misserfolg beim nächsten Versuch zunächst wieder weniger Schritte weg, um dem Hund einen Erfolg zu ermöglichen. Bei einigen Hunden kann es sein, dass Sie sich zu Anfang nur etwas zurücklehnen können und Ihr Gewicht nach hinten verlagern. Korrigieren Sie den Hund niemals, wenn er aufsteht! Korrigieren Sie lieber sich selbst. Wenn Sie das »Bleib« auf diese Art langsam aufbauen, hat der Hund die Chance, zu verstehen, was Sie von ihm wollen.

Sie können in den folgenden Wochen die Ablenkung steigern: Gehen Sie einmal um Ihren Hund herum. Auch hier gilt: Schrittweise! Nicht gleich eine ganze Runde, sondern zuerst nur eine Viertelrunde, dann belohnen, anschließend immer ein Stück weiter. Schließlich können Sie anfangen, langsam die Zeitspanne zu steigern. Anfangs in 5-Sekundenschritten und später in 30-Sekundenschritten, bis Ihr Hund etwa fünf Minuten sitzen oder liegen bleibt.

Lassen Sie sich dafür viele Wochen Zeit, die Übung ist schwerer für den Hund, als sie uns erscheint.

8. Woche: Dienstag

Theorie und Praxis: Auflösekommando

Sicherlich konnten Sie schon beobachten, dass Hundehalter ihrem Hund das Kommando »Sitz« geben (meist mehrmals) und der Hund sich auch setzt, jedoch sofort wieder aufspringt.

Ein Hund kann bei Konsequenz von Ihrer Seite leicht lernen, ein Kommando nur zu beenden, das heißt aufzulösen, wenn er ein so genanntes Auflösekommando erhält. Ich benutze dazu »Lauf« oder »Okay« mit einer befreienden Handbewegung nach vorn. Das Problem bei dieser Übung ist, dass die wenigsten Menschen es hundertprozentig konsequent benutzen. Inkonsequent angewendet hat es nur wenig Wirkung!

Um Ihrem Hund dieses Kommando beizubringen, müssen Sie anfangs schnell sein. Es ist Ihre Aufgabe, dem noch jungen Hund das Auflösekommando zu geben, bevor er aufsteht. Ob er danach aufsteht oder nicht, ist seine Sache. Wichtig ist nur: Sie haben es ihm »gestattet«. Wenn Sie das Kommando einige Wochen konsequent angewendet haben, das heißt nach jedem »Sitz«, nach jedem »Platz«, nach jedem Ableinen, nach jedem »Komm« zum wieder wegschicken und so weiter, können Sie beginnen, den Hund zu korrigieren, wenn er ein Kommando auflöst, ohne dass Sie das Auflösekommando gegeben haben. Damit meine ich nicht, dass Sie ihn bestrafen oder zurückreißen sollen, sondern vielmehr eine stimmliche Ermahnung, zum Beispiel »ah-ah« und erneute Ansprache mit Geben des Kommandos (zum Beispiel »Sitz«). Warten Sie nun kurz und lösen Sie die Situation dann mit dem Kommando auf.

Werden Sie nicht unfair und erwarten von einem Welpen in einer aufregenden Situation schon ein langes »Sitz«. Wie schon besprochen lassen Sie Ihre Kommandos lieber sein, wenn der Hund sehr aufgeregt ist. Sie werden sonst schnell überhört – und leider lernen Hunde nichts schneller, als Herrchen und Frauchen zu überhören!

Von Anfang an konsequent angewandt, ist ein Auflösekommando für Sie und den Hund eine große Hilfe. Wenn Sie allerdings nicht konsequent sind, müssen Sie in Kauf nehmen, dass Ihr Hund Kommandos von selbst auflöst.

Falls Sie mit dem Clicker arbeiten, ist der Click genau genommen auch ein Auflösekommando. Viele Ausbilder möchten, dass der Hund nach dem Click in seiner Position bleibt, auch das kann man dem Hund beibringen. Gehen Sie dabei wie oben beschrieben vor und geben Sie nach jedem Click ein Auflösekommando.

8. Woche: Mittwoch

Theorie: Tierische Hausapotheke

Bestimmt haben Sie für sich einen Medikamentenschrank mit den notwendigsten Dingen zu Hause. Auch für den Hund sollten Sie eine Notfallapotheke im Haus haben. Fragen Sie bei Rettungshundestaffeln oder Hundeschulen und Tierärzten in Ihrer Umgebung nach Erste-Hilfe-Kursen am Hund – das kann im Ernstfall Leben retten.

Ich habe Ihnen eine Liste von Dingen zusammengestellt, die ich für die Hausapotheke des Hundes empfehle. Sie bekommen die meisten Utensilien in Apotheken, Drogerien oder bei Ihrem Tierarzt.

1 Packung Rescue Tropfen (Bachblüten)
1 kleine Taschenlampe
1 Schere (gebogen, spitz-stumpf)
1 Pinzette
2 Schnauzenbänder (6-8 cm breite, elastische, 1,20 m lange Binde)
1 Fläschchen Jodlösung (z.B. Betaisodona)
1 Fläschchen 3%ige Wasserstoffperoxydlösung
2 Elektrolytpulver (z.B. Oralpädon)
1 Brandwundentuch
1 Verbandwatte auf Rolle
mehrere Mullkompressen
2 Mullbinden oder besser selbsthaftende Binden
1 Rolle Leukoplast
1 Beatmungstuch (z.B. Dreieckstuch)
1 Zeckenzange
1 Kühlkissen
Kochsalz, Traubenzuckertabletten
1 Rettungsdecke
1 10 ml Einwegspritze
1 Paar sterile Gummihandschuhe

Damit sind Sie auf jeden Fall gut ausgerüstet, falls einmal ein Ernstfall eintritt. Optimal wäre es, auch auf Spaziergängen eine Minimum Versorgung dabei zu haben, zumindest, wenn Sie in sehr einsamen Gebieten spazieren gehen.

8. Woche: Donnerstag

Theorie: Hundeausdrucksverhalten

Hunde sprechen nicht wie wir eine Lautsprache. Sie verständigen sich zu neunzig Prozent über Körpersprache, weshalb es für Sie als Hundehalter wichtig ist, einige »Grundsprachkenntnisse« zu haben.

Wichtig ist immer: Betrachten Sie den Hund als Ganzes. Es ist nicht nur der Schwanz oder nur die Augen, sondern immer der ganze Körper, der uns etwas zu sagen hat.

Als Erstes möchte ich mit dem alten Vorurteil aufräumen, dass ein Hund sich freut und freundlich ist, wenn er mit dem Schwanz wedelt.

Schwanzwedeln bedeutet nur eine Erregungslage, das heißt der Hund zeigt damit an, dass er handlungsbereit ist. Ob gut oder böse, muss wieder einmal der Gesamtausdruck sagen.

Es gibt vor allem beim Drohverhalten viele Abstufungen, die von Hundehaltern oft verkannt werden. Das so genannte Drohfixieren mit starrem Blick bedeutet schon eine Situation, in der man vorsichtig sein sollte. Als Nächstes zieht der Hund vielleicht still die Lefzen hoch. Erst dann wird er knurren, schnappen oder beißen. Manche Hunde »überspringen« in dieser Kette auch einige Schritte. Es gibt einen deutlichen Unterschied zwischen einem Hund, der sehr selbstbewusst droht (offensiv, also von sich aus handlungsbereit) oder einem Hund, der sehr unsicher droht (defensiv, nur handlungsbereit, weil er sich in die Enge getrieben fühlt). Ein offensiv drohender Hund baut sich groß auf, er richtet den Blick starr auf sein Gegenüber. Seine Mundwinkel sind meist rund und er zeigt nur wenige Zähne. Ein defensiv drohender Hund fixiert sein Gegenüber nicht so starr, er hat spitze Mundwinkel und zeigt fast alle Zähne beim Drohen. Oftmals sind seine Gelenke eingeknickt.

Hunde zeigen oftmals eine Vorderkörpertiefstellung, die aussieht, als würde der Hund sich verbeugen. Diese ist, wenn sie schnell ausgeführt wird, als Spielaufforderung zu verstehen. Oft hüpft der Hund dabei hin und her. Überhaupt sind im Spiel alle Bewegungen etwas übertrieben dargestellt.

Sie kennen bereits die Beschwichtigungssignale der Hunde, die ein wichtiger Teil des Ausdrucksverhaltens sind. Beobachten Sie Ihren und andere Hunde und Sie werden merken, wie viel Sie dabei lernen können.

8. Woche: Freitag

Praxis: Übung »Lass es!«

Viele Hunde nehmen alles vom Boden auf, was herumliegt. Dass Welpen eklige Dinge fressen, ist in gewissen Maßen »normal« und viele dieser »Fressattacken« geben sich im Alter von selbst.

Was ist das Spannendes?

Allerdings kann man das Nicht-Aufnehmen von Dingen auch trainieren. Stecken Sie sehr attraktive Leckerchen, wie zum Beispiel Käse, in Ihre Tasche. Stellen Sie einen kleinen Teller mit etwas für den Hund Attraktivem auf den Boden. Leinen Sie Ihren Welpen nun an und gehen in einem Abstand von mehr als der Leinenlänge, so dass der Hund den Teller auf keinen Fall erreichen kann, mit ihm daran vorbei. Ignorieren Sie jeden Versuch von ihm, das Essbare auf dem Teller zu erreichen. Wenn Sie schon daran vorbeigegangen sind und er das Interesse verliert, also nicht mehr zu dem Teller zieht, sagen Sie »Lass es« und clicken Sie Ihren Hund an. Wiederholen Sie diese Übung einige Tage auf diesem Schwierigkeitslevel.

Beginnen Sie dann, nach dem Kommando »Lass es« zu warten, ob Ihr Hund Sie anschaut. Eventuell müssen Sie ihm in den ersten Übungen wie bei der »Schau« Übung besprochen helfen. Der Hund soll nun beim Kommando »Lass es« sein Interesse vom Futter zu Ihnen wenden.

Beginnen Sie dann in den folgenden Übungen, das Kommando »Lass es« früher zu geben, also nicht erst, wenn Sie an dem Futter vorbei sind, sondern schon ungefähr auf Höhe des Tellers. Wendet sich der Hund Ihnen daraufhin zu, gibt es eine sehr tolle Belohnung. Beginnen Sie dann damit, schon das Kommando zu geben, während Sie auf das Futter zugehen. Sobald das klappt, steigern Sie die Ansprüche weiter. Legen Sie nun auf Spaziergängen an bestimmten Stellen leckere Dinge aus. Leinen Sie Ihren Hund anfangs an, wenn Sie darauf zugehen, so dass Sie ihn zur Not davon abhalten können, sich doch das ausgelegte Futter zu nehmen. Sobald Ihr Hund das Futter entdeckt, geben Sie das Kommando. Normalerweise sollte er bei dem langsamen Übungsaufbau verstanden haben, dass er sich von dem Futter am Boden zu Ihnen wenden soll, um eine Belohnung zu erhalten. Klappt das noch nicht, trainieren Sie erneut in »Isolation«, also zu Hause, weiter. Wenn Ihr Hund Vorlieben für sehr eklige Dinge hat, die ich hier nicht alle aufzählen möchte, so können Sie auch das trainieren. Sie brauchen dazu allerdings Proben der ekligen Dinge, die Sie leider zuvor sammeln müssen, um Sie systematisch auszulegen. Nur so können Sie es trainieren! Bei diesem Training ist der große Nachteil, dass Sie sehr konsequent sein müssen. Sie dürfen das Kommando auf keinen Fall draußen unterwegs benutzen, wenn Sie es noch nicht draußen mit von Ihnen ausgelegten Proben trainiert haben. Sie müssen also in Kauf nehmen, dass Ihr Hund draußen während der Übungszeit noch Dinge aufnimmt. Bei einem extrem gefräßigen Hund (Labradore gehören oft dazu ...) müssen Sie eventuell einige Zeit nur angeleint mit ihm spazieren gehen, um zu vermeiden, dass er sich selbst gefährdet. Je besser Sie das Training kontrollieren, desto größer wird der spätere Erfolg sein. Leider gilt auch hier: Einige Trainingszeit ist nötig. Viele Hunde übertragen diese Übung des Abbrechens und Hinwendens zu Ihnen so gut auf andere Situationen, dass man es auch für andere Handlungen als Abbruchsignal benutzen kann. (Zum Beispiel ein kurzer Sprint hinter einem Vogel her). Denken Sie daran, den Hund nach dem Abwenden von der verbotenen Sache immer zu belohnen! Am besten schaffen Sie das binnen einer Sekunde mit dem Clicker.

8. Woche: Samstag

ACHTUNG!
ALTER HUT!

»Ein Brustgeschirr macht die Knochen im Wachstum kaputt.«

Dieses Vorurteil kursiert noch immer, viele Zoofachgeschäfte, ja sogar Tierärzte jagen Hundehaltern damit Angst ein. Dabei ist nicht ein wahres Wort daran. Das wäre so, als würden Sie sagen: »Wenn ein Kind Schuhe trägt, werden seine Füße verkrüppelt.«

Das Brustgeschirr ist die freundlichste und hundeschonendste Variante des Anleinens. Eventuell entstehender Zug wird besser verteilt und belastet nicht die Halswirbelsäule.

Dem Hund ist das Brustgeschirr zumeist viel angenehmer als das Halsband.

Haben Sie keine Angst, bereits Ihrem Welpen ein Brustgeschirr zu kaufen, Sie können ihm damit nicht schaden. Mit einem Halsband schon eher! (Siehe Leinenführigkeit)

8. Woche: Sonntag

Theorie: Konsequenz – das ganze Leben lang

Ein Hund hört nie auf zu lernen. Das bedeutet leider auch, dass er Dinge verlernen kann. Wenn ein Hund in eine neue Familie kommt oder die alte Familie den Umgang mit ihm ändert, kann es durchaus sein, dass alles Gelernte verloren geht und der noch so gut erzogene Hund kein Kommando mehr befolgt. Hunde nutzen schnell »Lücken« aus, um sich ihr Leben aus ihrer Sicht angenehmer zu gestalten. Wie Sie ja bereits wissen, hat das nichts mit Rangordnung und Herrschaft zu tun, sondern einfach etwas mit purem Egoismus.

Ich rate Ihnen, sich innerhalb der Familie auf klare Kommandos zu einigen. Machen Sie eine Liste, auf der steht, welche Handzeichen in Kombination mit welchem Hörzeichen welches Verhalten des Hundes zur Folge haben soll.

Zum Beispiel: »Wort Sitz, Handzeichen gehobener Zeigefinger, Hund setzt sich«. Beobachten Sie sich gegenseitig im Umgang mit dem Hund: Sagen Sie das, was Sie meinen? Sagen Sie es einmal oder mehrmals? Ein häufiger Fehler ist zum Beispiel: »Lupo, sitz! Sitz! Sitz! Sitz! Siiiitz!« – Lupo legt sich hin. »Braver Lupo.«

Wenn Sie selbst schon nicht wissen, was Sie von Ihrem Hund wollen, wie soll er es dann wissen?

Denken Sie also immer nach, bevor Sie Ihren Hund ansprechen. Was wollen Sie von ihm? Beherrscht er das Kommando bereits gut genug? Ist er jetzt in der Lage, es überhaupt wahrzunehmen? Ein bewusster Umgang ist der wichtigste Schritt zum gut erzogenen Hund. Leider dauert das ein Hundeleben lang an, denn sonst »verschwindet« das gute Benehmen des Hundes schnell wieder. Suchen Sie den Fehler immer erst bei sich, nicht beim Hund. Der Hund spiegelt all das wider, was Sie ihm beigebracht haben. Hunde sind nicht stur, bösartig, schwer erziehbar oder dumm. Ein Hund tut das, was er durch Erfahrungen in seinem Leben gelernt hat. Wenn Sie einen Welpen großziehen, wissen Sie, dass er fast alle Erfahrungen mit Ihnen gemacht hat. Somit liegt es in Ihrer Hand, was Sie aus ihm machen.

Vermeiden Sie auch im weiteren Umgang mit Ihrem Hund die häufigsten Fehler:

- ✔ Kommandos mehrfach geben – geben Sie jedes Kommando nur einmal, maximal ein zweites Mal.
- ✔ Kommandos geben, während der Hund Sie nicht wahrnimmt – sorgen Sie dafür, dass Ihr Hund Sie ansieht.
- ✔ Ein Kommando geben, den Hund aber für ein anderes oder auch für das Nichtbefolgen belohnen – wenn Sie »Sitz« sagen, belohnen Sie den Hund nicht für »Platz«.

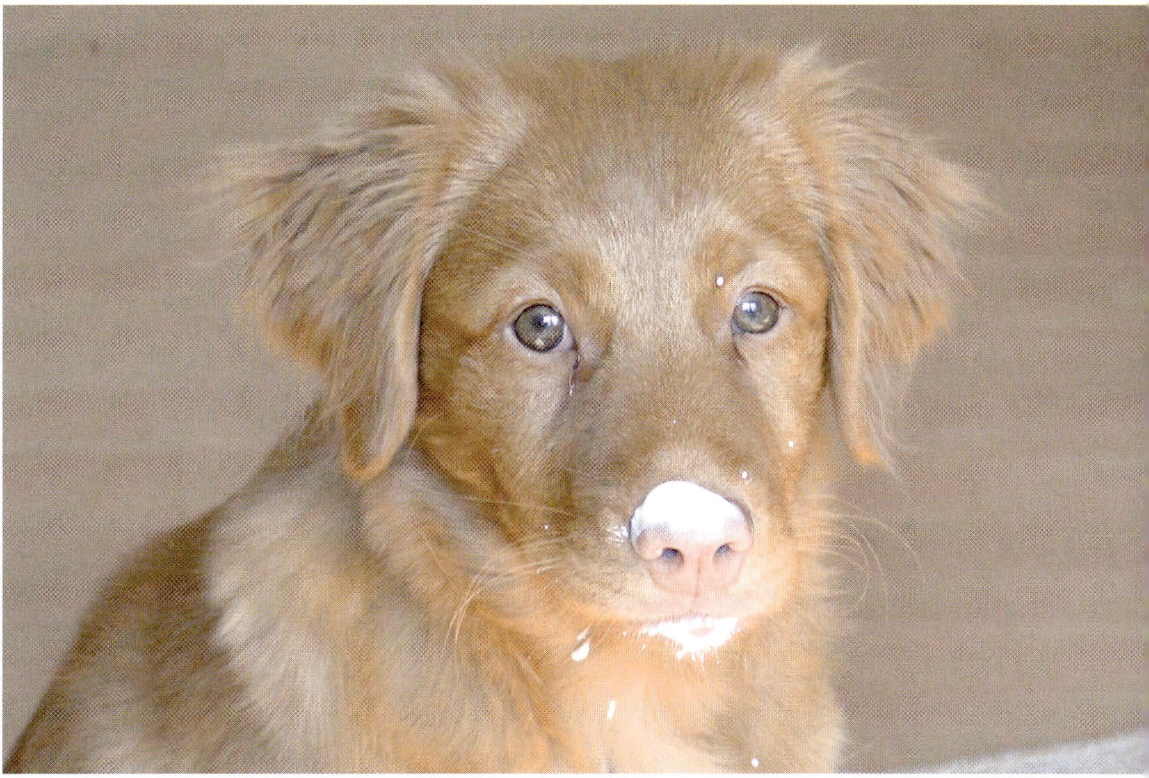

Nachwort

Nun haben Sie Ihren Welpen schon acht Wochen in Ihrem Hause. Sicherlich gibt es noch viele kleinere und größere Sorgen.

Sie sollten jedoch am Ende dieses Programms einen kleinen Hund haben, der die Grundbegriffe des Lebens kennt. Er kennt seinen Namen, kommt auf Zuruf freudig und kann schon »Sitz«, »Platz« und an der Leine laufen. Außerdem hat er gelernt, Ruhephasen einzuhalten, Dinge nicht vom Boden aufnehmen und sich alle Untersuchungen von Ihnen gefallen zu lassen. Sehr wichtig ist vor allem: Er hat viele Situationen kennen gelernt und gelernt, mit Ängsten umzugehen. Er hat somit eine gute Basis für sein weiteres Leben. Was Sie nun weiterhin mit Ihrem kleinen Hund anfangen wollen, bleibt Ihnen überlassen. Vielleicht haben Sie später, wenn Ihr Hund alt genug ist, Lust auf Hundesport? Erkundigen Sie sich nach Möglichkeiten in Ihrer Umgebung. Besuchen Sie weiter Ihre Hundeschule, sofern Sie in Ihrer Umgebung eine gefunden haben, die möglichst viele der im ersten Kapitel genannten Punkte einhält. Üben Sie die genannten Übungen weiter und verbessern sie.

Ich hoffe, ich konnte Ihnen viele Fragen beantworten und Ihnen ein Grundwissen über Hunde vermitteln. Ich wünsche Ihnen mit Ihrem Hund eine lange und glückliche gemeinsame Zeit!

Danksagung

Mein Dank gilt all denen, die mir meinen Weg ermöglicht haben und mich immer unterstützt haben. Vor allem meinen Eltern für alle Hilfe, die sie mir zukommen ließen. Julia, Nicole und Melanie für die schöne Zeit und das Ermuntern, endlich ein Buch zu schreiben und natürlich auch für das Korrekturlesen. Marita, ohne die ich diesen Weg nie gegangen wäre, allen Menschen, von denen ich viel über Hunde gelernt habe, vor allem Jennifer, Esther und Pia. Danke auch an Christiane für die Mühe und Zeit beim Erstellen einer Umschlagidee. Danke an Elke für das Zuhören und lustiges gemeinsames Training. Danke an Sabine Winkler, Alexander Putz und Julia für die Fotos.

Mein spezieller Dank gilt jedoch meinen beiden Hunden, die mir so viel Freude bereiten und mich immer wieder über Hunde staunen lassen.

Außerdem möchte ich meinen Kunden danken, die mir durch ihre Fragen und Sorgen immer neue Denkanstöße geben und mich viele Ideen für das Buch immer neu überdenken ließen. Ein großer Dank gilt auch dem Kynos Verlag, der es mir ermöglichte, dieses Buch zu veröffentlichen.

Zum Weiterlesen

Schnüffelstunde – Nasenspiele für Hunde (Viviane Theby, 2003)

Wir schnüffeln weiter – Neue Nasenspiele (Viviane Theby, 2004)

Das andere Ende der Leine (Patricia McConnell, 2004)

Dominanz – Tatsache oder fixe Idee (Barry Eaton)

Clickertraining für Welpen (Barbara Schöning, Martin Pietralla)

Hundeschule (Viviane Theby, 2002)

Quellen

Hunde – neue Erkenntnisse über Herkunft, Verhalten und Evolution
(Ray und Lorna Coppinger, 2001 im amerik.)

Trennungsangst beim Hund – ein Arbeitsbuch (James O' Heare, 2004)

Das Aggressionsverhalten des Hundes – ein Arbeitsbuch (James O' Heare)

Welpenschule leicht gemacht (Renate Jones, 1997)

Hundeverhalten (Barbara Schöning, 2001)

Calming Signals – die Beschwichtigungssignale der Hunde
(Turid Rugaas, 2001)

So lernt mein Hund (Sabine Winkler, 2001)

Stress bei Hunden (Martina Nagel, Clarissa v. Reinhardt, 2003)

Hunde sind anders (Jean Donaldson, 2000)

Dr. Felicia Rehage / Eiko Weigand

Lassie, Rex & Co.

Der Schlüssel zur erfolgreichen Hundeerziehung

Lassie, Rex und Beethoven – so einen Hund haben Sie sich schon immer gewünscht! So ein kluges Tier! Die Realität sieht anders aus als die Kinofilme, wie unsere Tierheime eindrucksvoll widerspiegeln. Nach jedem neuen Kinohit werden Welpen mit völlig falschen Erwartungen gekauft, die sie niemals erfüllen können. Ein ganz besonderes Erziehungsbuch, das erklärt, wie Hunde denken und lernen. Ein charmantes, kluges, humorvolles, aber auch nachdenkliches Buch für moderne Hundefreunde.

139 Seiten, durchgehend farbig illustriert mit humorvollen Zeichnungen
ISBN 3-933228-11-5 / € 21,-- (D)

Dr. Pasquale Piturru / Eiko Weigand
Lassie, Rex & Co.
klären auf
So wollen wir verstanden werden!
Wesentliches zum Wesen des Hundes
Kynos